PENTATEUCO

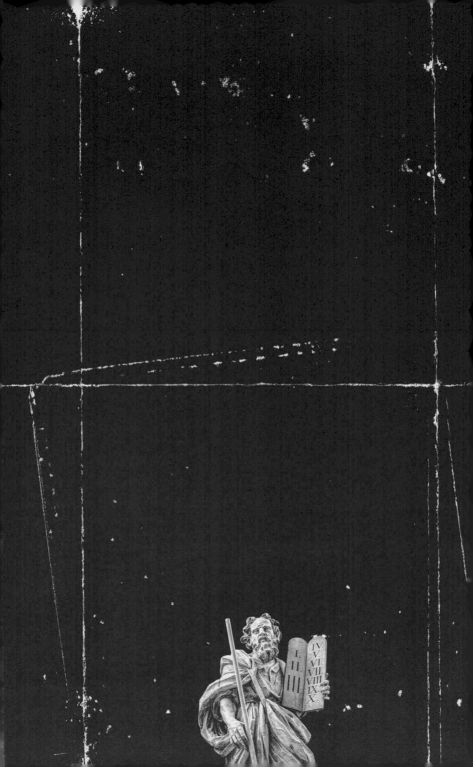

WILSON PORTE JR.
PENTATEUCO

CONCILIANDO A **HISTÓRIA** JUDAICA COM A **FÉ** CRISTÃ

Copyright © 2023 por Wilson Porte Jr.
Publicado por GodBooks Editora em parceria com a Thomas Nelson Brasil

Edição Maurício Zágari e Guilherme Lorenzetti
Preparação Eliana Moura
Capa Rafael Brum
Revisão Josemar Pinto e Rosa Maria Ferreira
Diagramação Luciana Di Iorio

Os pontos de vista desta obra são de responsabilidade do autor e de seus colaboradores diretos, não refletindo necessariamente a posição da GodBooks, da Thomas Nelson Brasil ou de suas equipes editoriais.

Todos os direitos estão reservados e protegidos pela Lei nº 9.610, de 19/02/1998.

É expressamente proibida a reprodução total ou parcial deste livro, por quaisquer meios (PDFs, eletrônicos, mecânicos, fotográficos, gravação e outros), sem prévia autorização por escrito da editora.

Dados Internacionais de Catalogação na Publicação (CIP)
 (BENITEZ Catalogação Ass. Editorial, MS, Brasil)

P698p	Porte Jr., Wilson
1.ed.	Pentateuco : conciliando a história judaica com a fé cristã / Wilson Porte Jr. – 1.ed. – Rio de Janeiro : Thomas Nelson Brasil, 2023.
	256 p.; 13,5 x 20,8 cm.
	Bibliografia.
	ISBN 978-65-5689-526-0
	1. Antigo Testamento – Pentateuco. 2. Bíblia. A. T. Pentateuco – Comentários. 3. Bíblia. A. T. Pentateuco – Crítica e interpretação. 4. Cristianismo. 5. Fé 6. Judaísmo. I. Título.
07-2023/44	CDD: 222.95

Índice para catálogo sistemático:
1. Pentateuco : Antigo testamento : História   2221.95

Publicado no Brasil com todos os direitos reservados por:
GodBooks Editora
Fale conosco: contato@godbooks.com.br
www.godbooks.com.br

1ª edição: setembro de 2023

SUMÁRIO

007 **APRESENTAÇÃO**
Maurício Zágari

011 **PREFÁCIO**
Renato Vargens

015 **INTRODUÇÃO**
Wilson Porte Jr.

023 **CAPÍTULO UM**
O Pentateuco e seu contexto religioso

073 **CAPÍTULO DOIS**
O contexto apologético por trás do Pentateuco

099 **CAPÍTULO TRÊS**
O contexto autoral por trás do Pentateuco

115 **CAPÍTULO QUATRO**
O contexto histórico por trás do Pentateuco

141 **CAPÍTULO CINCO**
Gênesis: a eleição da nação

159 **CAPÍTULO SEIS**
Êxodo: a libertação

177 **CAPÍTULO SETE**
Levítico: santificados para adorar

199 **CAPÍTULO OITO**
Números: a instrução da nação em meio ao deserto

225 **CAPÍTULO NOVE**
Deuteronômio: obediência por amor

237 **REFERÊNCIAS**

243 **NOTAS**

249 **SOBRE O AUTOR**

APRESENTAÇÃO

WILSON PORTE JR. TEM se destacado no cenário teológico brasileiro como um dos mais capacitados expositores da Bíblia do país em nossos dias. Seja no púlpito da igreja, seja nas salas de aula, seja como palestrante de grandes congressos, seja até mesmo em sua atuação nas redes sociais, Wilson dá uma contribuição ímpar ao conhecimento teológico do cristão brasileiro.

Profundo conhecedor das Escrituras e dono de um conhecimento acadêmico admirável, o erudito Wilson expõe com clareza e profundidade conhecimentos essenciais, que contribuem enormemente para a amplificação do entendimento das realidades bíblicas de todo aquele que o ouve ou lê. Esse precioso irmão em Cristo, capacitado por Deus para a explanação acurada das letras sagradas, é alguém a ser acompanhado e de quem sempre se pode esperar algo que some à nossa jornada de fé.

Por essa razão, sentimo-nos honrados quando Wilson propôs à Editora GodBooks a edição desta obra, *Pentateuco*, fruto de um estudo profundo que realizou sobre o tema e que, por sua vez, desdobrou-se em uma série de pregações e, depois, no texto que deu origem a este livro. A GodBooks tem enorme alegria de publicar este tesouro da teologia brasileira em mais uma feliz parceria com a Thomas Nelson Brasil.

APRESENTAÇÃO

Ao longo das próximas páginas, você terá o privilégio de sorver dos conhecimentos de Wilson Porte Jr. acerca dos mais variados temas sobre os cinco primeiros livros da Bíblia, que nos fazem compreender mais sobre a formulação desses textos basilares da fé judaico-cristã. Mais que isso, *Pentateuco* transmite conteúdo essencial para que se compreenda a importância desse segmento das Escrituras para nossa vida espiritual e para o conhecimento de como o Antigo Testamento aponta para a confluência de todas as coisas: Jesus de Nazaré.

Boa leitura!

MAURÍCIO ZÁGARI
Editor

PREFÁCIO

SEM SOMBRA DE DÚVIDA, o Pentateuco tem sido fortemente atacado pelos teólogos liberais. A todo custo eles têm tentado desacreditar a inspiração divina dos cinco livros que o compõem, bem como seus ensinamentos e doutrinas.

No Pentateuco encontramos doutrinas fundamentais à fé cristã, como Criação, pecado, Queda, redenção, aliança, eleição, a promessa do Messias, a lei moral de Deus e muito mais. Portanto, descartar ou mesmo relativizar esses livros inspirados pelo Espírito Santo é um acinte, um descalabro, um disparate.

Na verdade, estudar e entender o Pentateuco nos ajuda a criar uma base firme e sólida quanto à aliança de Deus com o seu povo. Digo mais: os cinco livros escritos por Moisés são uma obra de extrema importância para os cristãos, visto que fornecem explicações históricas e antropológicas relativas à humanidade, proporcionando ao homem uma explicação definitiva, coerente e coesa acerca de sua própria origem. Ademais, no Pentateuco encontramos o pano de fundo teológico para a compreensão de toda a revelação bíblica. Em outras palavras, ser-nos-ia impossível entender temas bíblicos centrais — como pecado original, expiação, aliança e salvação — caso o Pentateuco não existisse.

O pastor Wilson Porte Jr. é um dos teólogos mais qualificados que conheço. Um homem piedoso, marido e pai exemplar e com conhecimento bíblico e teológico diferenciado. Wilson é um escritor profícuo que, ao longo dos anos, tem brindado a igreja deste país com obras de extrema relevância. Ademais, neste excelente livro, Wilson não somente trata com maestria a relevância do Pentateuco, como também desconstrói a falácia liberal de que os livros que o compõem não são inspirados.

Caro leitor, em tempos tão difíceis como os nossos posso afirmar que este livro, escrito por Wilson Porte Jr. e publicado pela GodBooks, em parceria com a Thomas Nelson Brasil, é um presente para a igreja brasileira. Sem sombra de dúvidas, este é um livro para ser lido, entendido, aplicado e ensinado em escolas bíblicas e seminários.

Recomendo a leitura!

RENATO VARGENS
Pastor da Igreja Cristã da Aliança, em Niterói (RJ)

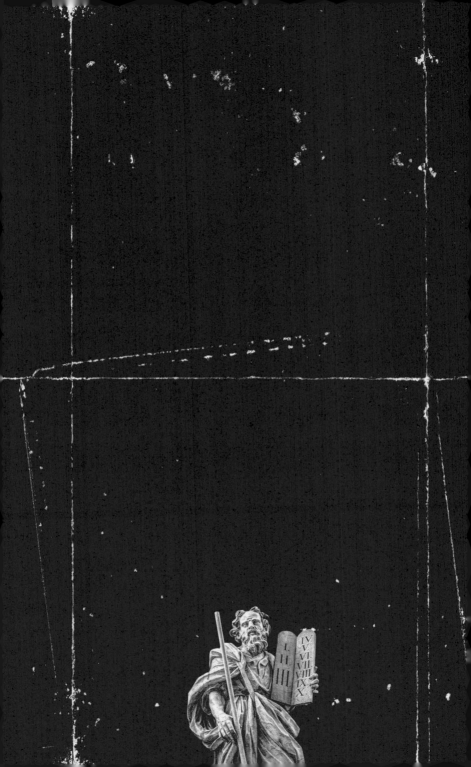

INTRODUÇÃO

TENHO LECIONADO DE FORMA regular sobre o contexto do Antigo Testamento e do Novo Testamento no Seminário Martin Bucer, em São José dos Campos (SP), desde 2012, além de em outros seminários pelo Brasil, como professor visitante. O estudo do contexto por trás do Antigo Testamento, de modo especial, nos ajuda a compreender melhor o panorama de todo esse segmento da Bíblia, além de, propriamente, seus cinco primeiros livros, o Pentateuco.

Você já parou para pensar por que o povo de Deus no Antigo Testamento se voltava o tempo todo para a idolatria? Por que insistentemente se inclinava para deuses babilônicos, fenícios, assírios, egípcios e cananeus? Conhecer o contexto religioso por trás do Pentateuco é o que nos ajuda a lermos o Antigo Testamento com lentes limpas, sem que nada nos impeça de compreender o coração desse povo.

Além disso, para que a leitura de livros como Levítico, por exemplo, se torne prazerosa e necessária para nosso crescimento espiritual, é necessário entendê-lo dentro do contexto maior da Torá (nome originalmente dado ao Pentateuco). Entender a origem do Antigo Testamento, seu contexto religioso, apologético, autoral e histórico é o que nos ajuda a analisar melhor os cinco primeiros livros da Bíblia. Não se pode compreender bem a mensagem, a autoria, a data, a ocasião, os destinatários e o propósito de cada livro do Pentateuco (e do Antigo Testamento) sem que essa análise contextual seja feita.

INTRODUÇÃO

Vivemos uma luta pelas Escrituras. Há quem pense que elas não são a Palavra de Deus, mas que apenas contenham, em algumas porções esparsas, a Palavra de Deus. Há quem duvide do que ela mesma afirma sobre eventos sobrenaturais e sobre fatos mais simples, como a autoria dos livros. Há muitos que duvidam que Moisés escreveu o Pentateuco, consequentemente sugerindo que outros que afirmaram a autoria mosaica desses livros estavam enganados — incluindo o próprio Jesus. Há consequências sérias na negação de afirmações simples que têm acompanhado o povo de Deus em sua fé no decorrer da história. Veremos isso ao longo do livro.

A história do Pentateuco desenha, de certo modo, a de nossas vidas. Veja: em Gênesis, vemos a eleição do povo de Deus por meio da eleição e do chamado de Abraão. Em Êxodo, temos a libertação do povo que, embora tenha sido eleito em Abraão, cresceu escravo. Em Levítico, após lermos sobre a libertação do povo em Êxodo, vemos a sua santificação, com o fim de prepará-lo para a adoração daquele que o libertou. Em Números, o povo eleito que foi liberto e chamado para adorar é apresentado na peregrinação que durou quarenta anos no deserto. Durante a peregrinação, Números nos mostra um povo que ora murmura, ora marcha, e que, enquanto marcha, é insistentemente ensinado sobre como viver para a glória de Deus. E, em Deuteronômio, além de alguns fatos novos, vemos uma repetição de leis e histórias já apresentadas nos livros anteriores — o que mostra que o Senhor esperava que seu povo lhe obedecesse e o adorasse por amor e não por obrigação.

Analise se o Pentateuco não resume, de certa forma, a história de nossa vida. Nós também fomos eleitos, porém nascemos escravos. Ao longo de nossas vidas, fomos libertos da escravidão

INTRODUÇÃO

do pecado e chamados para adorar. Como os judeus, também precisamos do sangue de alguém puro para que possamos ser purificados para a adoração. E Cristo é o Cordeiro de Deus cujo sangue nos purifica de todo pecado e nos capacita a nos tornarmos verdadeiros adoradores. Após eleitos, libertos e chamados para adorar, também nos vemos no deserto deste mundo, onde temos que peregrinar rumo à "Terra Prometida", chamada por Cristo de Novos Céus e Nova Terra. Durante essa peregrinação, também somos instruídos, e a isso chamamos de discipulado. E, por fim, vemos como o Senhor espera que tudo o que fizermos durante nossa caminhada neste mundo seja por amor, para a sua glória, e não por medo ou por pressão, mas de coração e pela motivação correta.

Assim, vemos a importância de conhecermos toda a história por trás do Pentateuco, a fim de que possamos não somente compreender a história do povo de Israel, mas também a nossa história.

O Pentateuco é uma obra fundamental para todo aquele que deseja conhecer melhor o pensamento judaico-cristão, além de tudo aquilo que é influenciado por essas tradições — arte, obras literárias, músicas ao longo de dois mil anos e cultura em geral em praticamente todo o mundo. Muito do que existe só se pode conhecer se temos como ponto de partida o Pentateuco. Leis, formas de governo, estruturas sociais, esferas sociais... tudo se torna mais claro quando se compreende o Pentateuco.

Para além de apresentar a história do Eterno Deus Criador dos céus e da terra e de suas leis e histórias junto à humanidade caída e separada dele pelo pecado, podemos compreender melhor o nosso tempo, a nossa geração, com suas fraquezas, carências e necessidades. E, para você que deseja compreender melhor o próprio Novo Testamento e a história da salvação em Cristo Jesus, nada melhor do que compreender melhor o início de tudo e os livros que dão base e fundamentação para tudo aquilo que se desenvolve depois na história da revelação.

A própria história de Cristo, o Messias prometido, nosso bendito e precioso Salvador, também se compreende melhor quando se conhece bem como a apresentação de sua vinda é anunciada justamente nos cinco primeiros livros da Bíblia. A promessa do Messias está lá, feita tanto a Eva quanto a Abraão, além de outros. E, além da promessa, a própria ética e moral cristãs se veem no Decálogo, os Dez Mandamentos.

Espero em Cristo, meu amado Senhor e Salvador, que essa simples e pequena introdução ao Pentateuco possa ajudar não somente a conciliar a história judaica com a fé cristã, mas a preparar todos que lerem este livro a compreender melhor e amar mais a inspirada, inerrante e infalível Palavra de Deus.

Firmado no Deus de Abraão, Isaque e Jacó,

WILSON PORTE JR.
Per Christum dilectum meum.

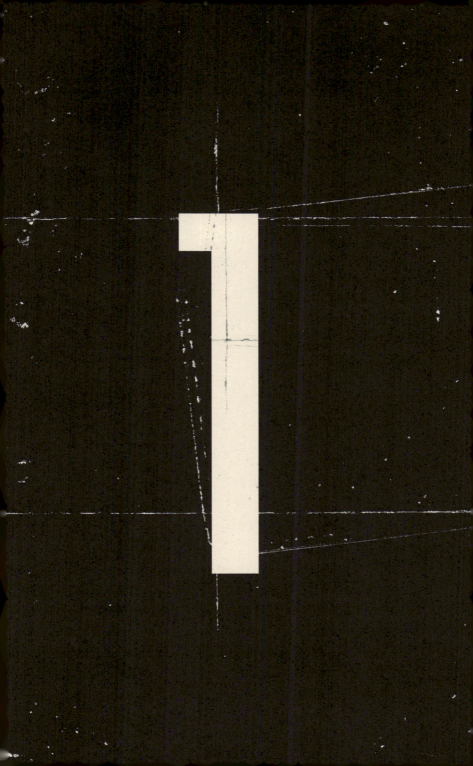

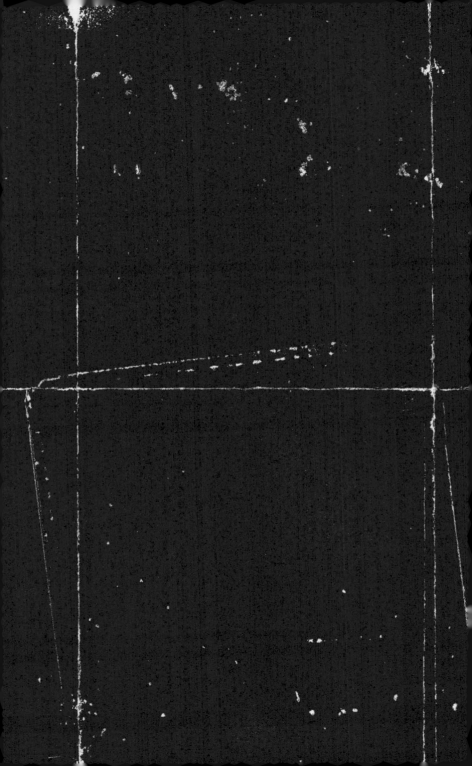

O PENTATEUCO E SEU CONTEXTO RELIGIOSO

TENHO ESTUDADO O PENTATEUCO não apenas por questão de preferência pessoal, mas também em razão da responsabilidade inerente à sua exposição em sala de aula e no pastoreio da igreja. Há mais de uma década, ensino todo o contexto do Pentateuco e do Antigo Testamento em sala de aula no Seminário Martin Bucer, como professor regular, e em alguns outros seminários pelo Brasil, como professor visitante. Além disso, a responsabilidade que tenho de expor o texto bíblico, especialmente nos livros do Pentateuco, na igreja local em que sou pastor, me impõe o dever de ir ainda mais fundo no texto bíblico.

Nosso objetivo nesta obra é investigar o contexto do Antigo Testamento, especialmente o da Torá (Pentateuco), para saber o que está por trás da revelação, da história, do contexto religioso, autoral, geográfico, filosófico, político e histórico, além de outros contextos que tanto influenciam a análise, a interpretação e, consequentemente, a pregação do Pentateuco.

Quando falamos de Pentateuco, fazemos alusão aos cinco primeiros livros da Bíblia. Há pessoas que desconsideram o valor e a importância desses livros — o que depende da maneira pela qual você os analisa e os interpreta. A interpretação desses livros altera a interpretação de todo o restante da Bíblia.

Isso não acontece em relação apenas ao Antigo Testamento — no que se refere às suas literaturas históricas e aos profetas maiores e menores, como hoje nós os chamamos —, mas ao Novo Testamento: Evangelhos, história de Atos, epístolas pastorais, epístolas paulinas e outras literaturas. Quanto ao Antigo Testamento, refere-se ainda à literatura profética, à literatura sapiencial, a Salmos, Provérbios, Jó, Eclesiastes, Cantares. Todos esses livros dependem necessariamente do Pentateuco, sobretudo do livro de Gênesis, que é o fundamento dos demais livros.

Meu objetivo, portanto, é observar os aspectos contextuais, autorais, estruturais, linguísticos e literários que possibilitem uma abrangência na análise do Antigo Testamento — e, consequentemente, na sua exposição pública. No nosso caso, falamos da exposição pública da Bíblia Sagrada, da pregação e do ensino, mas queremos atingir não somente esse tipo de exposição pública: este estudo é também para você que não prega como um pastor, mas que conduz discipulados, aconselha pessoas, dá aulas para crianças, jovens e adultos, eventualmente prega em algum lugar, e para você que cuida de uma congregação. Tudo de que falarmos aqui serve e servirá para todos os contextos nos quais estivermos expondo o Pentateuco — seja qual for o escopo da mensagem.

O contexto do Pentateuco

Vamos começar pelos contextos do Pentateuco: religioso, apologético e autoral. Primeiro, o contexto religioso babilônico: toda a história do Antigo Testamento se fundamenta na Torá.

CAPÍTULO UM

A Torá é outro nome que se dá para o Pentateuco. Em hebraico, *Torá* significa "conjunto de leis" e está ligada à palavra *yarah*, verbo hebraico que significa "lançar, projetar, instruir etc.". Torá, portanto, quer dizer "ensinamento", "instrução", mas acabou sendo cristalizada com esse conceito de "conjunto de leis". Hoje, quando se menciona a palavra "Torá", já se imagina "lei", mas Torá significa "instrução".

Todo o restante do Antigo Testamento está fundamentado na Torá. É por isso que reis, profetas e todos os que escrevem na Bíblia citam os textos anteriores, mencionando sempre Moisés e a Torá.

O próprio Senhor Jesus, quando menciona o Antigo Testamento, constantemente faz referência a Moisés e aos profetas, ou à Torá, ou à lei. Quando diz "lei", a palavra que está por trás disso é "Torá", que abrange justamente os primeiros cinco livros da Bíblia, aos quais chamamos de Pentateuco. São cinco rolos — do grego Πεντάτευχος (pentateuchos) —, cinco conjuntos de rolos que formam uma só mensagem, a qual tem por objetivo instruir o povo a respeito do fundamento daquilo em que Deus quer que eles creiam. As demais revelações viriam e estão já na revelação. Mas, antes que viessem, Deus quis estabelecer um fundamento sobre o qual tudo o mais pudesse ser construído. E assim foi revelada a Torá, o Pentateuco.

Precisamos também entender o mundo dentro do qual essa mensagem foi inserida. Como era o mundo naquela época? O que as pessoas viviam e no que criam? É importante lembrar que o Pentateuco foi escrito — e, acima de tudo, *dado* — para o povo israelita no período pós-escravidão egípcia, depois do cativeiro egípcio, após quatrocentos e poucos anos, durante os quais os israelitas, depois da morte de José, acabaram sendo escravos do Egito, quando veio outro faraó que não conhecia José.

O novo faraó escravizou o povo judeu por várias razões. Depois de quatrocentos anos, Deus levantou Moisés, o qual viveu toda uma situação de preparo. Quando chegou a hora de ele ir de novo ao Egito e colocar diante do faraó todas as exigências e ordens recebidas de Deus, o faraó se endureceu pela mão do próprio Deus. Depois da última praga, enfim, o faraó deixou o povo ir. Quando saem dali, muitas coisas maravilhosas acontecem na peregrinação rumo à Terra Prometida. Contudo, o mais maravilhoso, pelo menos do ponto de vista revelacional, é o momento em que Moisés está no monte Sinai recebendo a revelação que, depois, registraria num livro. É óbvio que Moisés não se baseou somente naquilo que recebeu ali. O Senhor não deu a Moisés, no monte Sinai, tudo o que está no Pentateuco. Isso é óbvio. O próprio Moisés cita, em Êxodo e Deuteronômio, outros livros que existiam anteriormente: o Livro das Guerras do Senhor, por exemplo (Nm 21.14)

Que livro é esse? "Livro das Guerras do Senhor", anterior ao Pentateuco? Ninguém sabe. Mas Moisés cita-o. Assim, é sabido e crido, pelas próprias palavras de Moisés, que havia outras fontes usadas na composição de seu texto, mas a fonte primária foi Deus. O mais importante para nós é a ação inspiradora de Deus, a qual é o pano de fundo da composição mosaica.

Por volta de 1440-1450 antes de Cristo (cerca de 3.500 anos antes do nosso tempo), esses livros são dados ao povo nas campinas de Moabe, no momento anterior à morte de Moisés. Sob a proteção de Josué e Calebe e de todos aqueles que com eles lideravam espiritualmente a nação, o povo entrou com esse material na Terra Prometida. Era uma espécie de fundamento

CAPÍTULO UM

da fé e também de guia apologético — a intenção nunca foi ser um material científico para saber como Deus criou o mundo.

É importante entender que aquilo que estava na cabeça e no coração do povo quando eles receberam o Pentateuco — Gênesis, por exemplo — era todo o contexto religioso no qual viviam.

Em que eles criam? Qual era a fé dos israelitas? Você diz: *Eles criam no Senhor, em Yahweh* (também grafado Jeová, Iavé, Javé nos textos em português). Sim, mas era só nesse Deus que eles criam? É sabido, pela própria leitura do Pentateuco e também dos livros seguintes (Josué, Juízes etc.), que o povo estava muitíssimo apegado à adoração a outros deuses.

De onde vieram esses deuses? Antes de Moisés, conhecemos toda a história: temos José, quatrocentos anos antes. Ele tinha seus irmãos, com os quais formava os 12 filhos de Jacó, e provavelmente outros (a Bíblia nos fala de outras dezenas de filhos de Jacó, porém não pertencentes ao grupo que herdaria a posse da terra). Conhecemos ainda Jacó, também chamado de Israel, pai de José. Há igualmente o avô de José, Isaque. O bisavô dele era Abraão, que tinha um pai chamado Tera, o qual tinha um pai, que tinha outro pai... Indo de geração em geração, passamos por Enoque e chegamos a Sete.

Todas essas gerações, que passam também por Noé, Sem, Cam e Jafé, viveram situações específicas. Podemos conferir a criação de tudo: Adão e Eva e seus filhos. Depois, vemos gerações que temeram a Deus; outras, não — o que causou a divisão "filhos de Deus" *versus* "filhos dos homens",[1] com distinção entre aqueles que temiam a Deus e andavam com ele e aqueles que não o faziam. Dentre os que andavam com Deus, havia um que realmente o temia numa época na qual todo o mundo não temia ao Senhor: Noé. E Noé morre. Seus filhos morrem depois do Dilúvio, depois de já estarem repovoando a terra; depois que Cam desceu, Jafé subiu e Sem ficou ali pelas imediações da Síria, nos lugares que hoje são o Oriente Médio.

Os descendentes de Sem, Cam e Jafé passam a habitar o mundo, mas um se destaca: um bisneto de Noé. Noé tem um filho chamado Cam, cujo filho se chama Cuxe, pai de Ninrode. Esse homem começa aquela que é a base de toda a religião babilônica.

Não sei se você já viu, leu ou assistiu a algo sobre Ninrode. Há muita coisa errada sendo dita e escrita sobre ele — sem base, com muita teoria da conspiração. Não me baseio nessas fontes; eu me baseio naquilo que alguns estudiosos do Pentateuco têm escrito e no que os próprios judeus, na época pós-exílica, criam. Nossa fonte são os talmudes, os comentários bíblicos que os judeus de antes de Cristo faziam sobre sua própria história, sobre o Antigo Testamento e também sobre os escritos da época da igreja.

O contexto religioso babilônico e sua relevância para a compreensão da religiosidade dos israelitas no Antigo Testamento

Quem foi Ninrode? Foi o bisneto de Noé, possivelmente chamado também de Sargão da Acádia. Como o dr. Thomas L. Constable, do Dallas Theological Seminary, comenta: "É possível que Sargão da Acádia, o qual muitos historiadores antigos afirmam ter sido o primeiro rei da Babilônia, possa ser Ninrode, cujo nome significa: 'devemos nos rebelar'."

Nos tempos antigos, muitas pessoas tinham mais do que um nome. Em hebraico, existe a palavra *NIMRID*, que está

CAPÍTULO UM

relacionada à rebeldia. Ninrode seria um nome relacionado a um ser rebelde. É por isso que muitos comentaristas acreditam que esse Ninrode das Escrituras provavelmente não se chamava originariamente Ninrode, pois qual mãe daria a seu filho o nome de "Rebelde"? No passado, era muito comum as pessoas receberem outro nome, dado pela sociedade, por si mesmas ou por historiadores futuros, para expressar aquilo que elas foram ou representaram em vida.

Casos de pessoas que tiveram nomes mudados na Bíblia: *Abrão* para *Abraão*; *Jacó* para *Israel*; *Saulo* para *Paulo*. Muitos outros homens e mulheres, como *Sarai* para *Sara*, tiveram seus nomes mudados em razão de acontecimentos em sua vida.

Outras pessoas também passaram por alterações em seus nomes, mas para expressar algo positivo: era uma espécie de sobrenome que não lhes fora dado por seus pais — João *Batista*; Jesus, *o Cristo*. "O Cristo" não era parte do nome de Jesus, assim como "Batista" não estava no nome de seu primo João. Isso permanece no texto revelado, pois, no contexto hebraico, era muito comum atribuir ao nome da pessoa alguma característica relacionada à história da sua vida.

Se esse homem ficou conhecido como Ninrode — ou seja, como rebelde —, provavelmente sua mãe não deu esse nome a ele. Sua vida deve ter sido povoada de rebelião.

A Bíblia fala sobre ele? Sim, em Gênesis 10, onde temos uma breve apresentação sobre a vida de Ninrode, falando um pouco sobre o que ele fez.

> Os filhos de Cam: Cuxe, Mizraim, Pute e Canaã. Os filhos de Cuxe: Sebá, Havilá, Sabtá, Raamá e Sabtecá; e os filhos de Raamá: Sabá e Dedã. Cuxe gerou a

> Ninrode, o qual começou a ser poderoso na terra.
> Foi valente caçador diante do SENHOR; daí dizer-se:
> Como Ninrode, poderoso caçador diante do SENHOR. O
> princípio do seu reino foi Babel, Ereque, Acade e Calné,
> na terra de Sinar. Daquela terra saiu ele para a Assíria
> e edificou Nínive, Reobote-Ir e Calá. E, entre Nínive e
> Calá, a grande cidade de Resém. **GÊNESIS 10.6-12**

Vemos nesse texto, especialmente no versículo 8, que Ninrode começou a ser poderoso na terra. O que o Espírito Santo quer dizer a nós por meio disso?

Quando aconteceu o Dilúvio, tudo acabou. Ficaram Noé e seus filhos, netos e bisnetos. Mas quem começou a mandar? A governar? Havia governo? Quem foi o primeiro rei depois do Dilúvio? Quem foi o primeiro a juntar, debaixo de si, pessoas a quem dominava?

Segundo a história, foi o tal Sargão da Acádia, fundador de Babel, Nínive, Reobote-Ir, Calá e Resém. Ele foi o fundador das maiores e mais terríveis cidades da Antiguidade — pelo menos, entre as conhecidas.

É muito interessante que a figura desse homem e a fundação dessas cidades da Antiguidade estejam atreladas, na Palavra de Deus, a um homem chamado Ninrode. E por que isso é importante? Porque Ninrode fundou Babel e, nesse contexto, a própria Babilônia, que, segundo o versículo 10 do texto que lemos, foi o princípio do seu reino. Nínive e Babel, Babilônia e Assíria foram os maiores impérios da Antiguidade, além do Império Persa e do Império Grego.

Vamos à história desse homem. Quem foi esse homem chamado Ninrode, um dos mais poderosos da Antiguidade e o

CAPÍTULO UM

primeiro rei poderoso após o Dilúvio — não apenas com base no texto bíblico, mas também com base nos textos extrabíblicos?

Ninrode era filho de Cuxe, que foi filho de Cam, filho de Noé. Ou seja, segundo a tradição extrabíblica da História Geral e a própria revelação da Palavra do Senhor, Ninrode foi o bisneto de Noé. A história desse homem que "começou a ser poderoso na terra" (Gn 10.8) também é relatada nos próprios livros da Antiguidade relacionados à Babilônia e à história da religião babilônica. A religião babilônica permeou a história de Israel durante toda a sua existência. Em Apocalipse, o Senhor Jesus Cristo disse a João que a Babilônia é a mãe das meretrizes e abominações da terra, em outras palavras, mãe de todas as falsas religiões e daqueles que perseguem os filhos de Deus. Ela é a grande meretriz, a prostituta. Por isso, ao estudarmos o Pentateuco, é importante também conhecermos a religião babilônica e suas origens.

Quando estudamos os livros da tradição da religião babilônica e pesquisamos os livros antigos dos judeus, nos quais eles descreviam seu próprio conhecimento da história (Flávio Josefo, por exemplo, ou os talmudes babilônicos escritos pelos próprios judeus no período pós-cativeiro babilônico, quatrocentos anos antes de Cristo nascer), vemos que eles relatam um pouco a origem e o fundamento da religião babilônica, que, durante toda a história, entrou em contato com o povo de Deus e o levou para muito longe do Deus da Palavra.

Vamos entender melhor: existe um talmude.[2] Um dos livros do grande talmude babilônico é o Erubin 53 A, que diz o seguinte: "Ninrode foi chamado dessa forma porque incitou todo o mundo a se rebelar (NIMRID) contra a sua soberania (soberania de Deus)."[3] Em hebraico, a palavra "NIMRID" tem a ver com o nome de Ninrode. Ou seja, ele foi chamado NIMRODE (o rebelde) porque incitou o mundo a se NIMRID (se rebelar) contra a soberania divina. Um trocadilho de palavras aqui.

Tudo isso foi escrito séculos antes de Jesus nascer. É uma espécie de argumentação do período do Antigo Testamento e dos próprios judeus sobre sua história; é uma análise do seu passado — assim como fazemos hoje.

Você pode ir a uma livraria e comprar um livro sobre a história da igreja, a fim de conhecer como eram os pais da igreja, a igreja primitiva,[4] o batismo, a ceia, a disciplina, a classe de discipulado dos catecúmenos, a *Didaquê*,[5] os mártires do cristianismo e como aconteceram as mortes desses mártires. Você pode pesquisar sobre Eusébio de Cesareia na *História Eclesiástica*, a fim de saber como os cristãos morreram por causa da sua fé em todo o Egito, na Ásia Menor, no ocidente do Império Romano e na parte oriental desse império.

Praticamente tudo o que hoje sabemos sobre a morte de todos os apóstolos tem base nesses livros históricos. Mas não foi só a igreja que teve o privilégio, ao longo desses mais de dois mil anos, de registrar a sua própria história. Os judeus também fizeram isso. Assim como não consideramos os livros de história da igreja inspirados por Deus, mas livros apenas para nossa instrução e registro, os judeus também tinham livros que não eram inspirados por Deus, livros históricos, que serviam para sua própria instrução e para o registro de sua própria história. Não eram tidos como canônicos.

Não temos também livros sobre a história do Brasil, de um estado da federação ou de uma cidade específica? Se você procurar um pouquinho, vai achar a história da sua própria família registrada por algum historiador em algum momento. Eu já conheci alguns.

CAPÍTULO UM

As pessoas escrevem esses registros e têm prazer em falar de árvores genealógicas. Os judeus, mais do que ninguém, faziam isso, o que fica claro para nós quando vemos o grande número de genealogias presentes na Bíblia.

Este nosso exercício aqui, neste livro, também é um pouco desse registro histórico, desse resgate da nossa própria história: vamos imaginar que estamos, duzentos anos antes de Cristo, lendo o Pentateuco. Lemos Gênesis 10, texto inspirado pelo Espírito. Estamos numa sinagoga, numa das cidades perdidas, lá no meio da Pérsia. Alguém se levanta. É um rabino. Ele nos explica quem foi esse Ninrode. Com base nas ideias dele? Numa visão que teve enquanto tomava banho? Não. Com base numa espécie de tradição oral e escrita que vem de séculos antes do próprio início da Escritura, dos talmudes, do período pós-cativeiro babilônico. Ele se levanta e diz: "É esse sobre quem Moisés escreveu! Esse é bisneto de Noé! Esse foi grande e poderoso, primeiro rei depois do Dilúvio! Esse, sobre o qual diz o texto: Grande caçador diante do Senhor!"

A palavra "caçador", no contexto hebraico, não está relacionada ao contexto do próprio Ninrode. A história registrada sobre ele não se refere a ele como um caçador de animais. "Caçador", nesse contexto, não é um caçador de bichos; é caçador de gente. Ele foi o primeiro homem a escravizar pessoas na história pós-diluviana. Quando temos a oportunidade de estudar um pouco sobre a história da escravidão, vemos que ela remonta a esse tal Sargão da Acádia, que tem a história muitíssimo parecida com a do Ninrode bíblico.

Ninrode não apenas foi um grande caçador de homens. O texto bíblico o apresenta "diante do Senhor", mas essa expressão "diante do" não se refere a ele ter vivido, como diziam os puritanos, *coram deo*, ou seja, diante de Deus. Mas, na história de Ninrode, "diante de" significa "contra" alguém. Quando o texto bíblico apresenta Ninrode diante do Senhor, o sentido é esse. Ele está como que competindo com Deus. E isso quem nos diz são os próprios judeus.

Há outro judeu muito conhecido: Flávio Josefo. Ele foi um historiador judeu pago pelo próprio Império Romano para registrar a história do povo judeu. Ele é um pouco mais novo do que Jesus, mas viveu na época dos apóstolos; Foi contemporâneo de Pedro e Paulo. Quando a cidade de Jerusalém foi destruída sob as ordens do general Tito, no ano 70 d.C., Flávio Josefo estava lá e registrou *in loco* tudo o que aconteceu.

Depois de sete dias da total destruição do templo, Flávio descreve, num de seus registros sobre a história dos judeus, que, se algum ser humano chegasse àquela cidade algumas semanas após essa completa destruição, não seria capaz de dizer que ali existia uma cidade ou de reconhecê-la. Nesse ponto, lembro-me de uma profecia de Jesus que disse que não sobraria pedra sobre pedra naquele lugar (Lc 21.6). Flávio Josefo registrou isso. Não foi inspirado; trata-se de um registro histórico crido até hoje pela sociedade.

Flávio Josefo também escreveu o seguinte, quando falou sobre a história do seu próprio povo, embora não fosse cristão:

> Pouco a pouco, [Ninrode] transformou o estado de coisas numa tirania, sustentando que a única maneira de afastar os homens do temor a Deus era fazê-los continuamente dependentes de seu próprio poder.[6] Ele ameaçou vingar-se de Deus, se este quisesse novamente inundar a terra; porque construiria uma

CAPÍTULO UM

torre mais alta do que poderia ser atingida pela água e vingaria a destruição de seus antepassados. O povo estava ansioso para seguir esse conselho, achando ser escravidão submeter-se a Deus. De modo que empreenderam construir a torre [...], e ela subiu com rapidez além de todas as expectativas.⁷

Ninrode era uma espécie de líder dos descendentes de Cuxe, descendente de Cam, e essa geração estava debaixo de maldição, afastada do Senhor. Foi, então, construída a alta torre, uma espécie de zigurate antigo, com rapidez, superando todas as expectativas. Essa torre, segundo a tradição bíblica, ficou conhecida como torre de Babel.

A Bíblia diz que a Babilônia era o princípio do reino de Ninrode. No capítulo 11 de Gênesis, vemos o texto bíblico falar sobre a torre de Babel. Ninrode desejava reunir toda a humanidade em torno de si mesmo. Se visitarmos o passado, veremos que não somente em Babel, mas também nas Américas, temos várias construções de zigurates: não eram pirâmides, mas uma espécie de torre em forma de escadas. Construções semelhantes em forma de zigurate podem ser encontradas nas cordilheiras do Pacífico da América Latina.

A intenção de Ninrode era de que essa torre chegasse até o céu, com o argumento de que ninguém mais seria tragado pelo Dilúvio de novo. Deus já tinha dito que isso não aconteceria mais. Mas Ninrode não temia ao Senhor. O povo de Ninrode se manteria unido e seria conhecido por gerações.

Qual era a ordem de Deus? "Crescei e multiplicai-vos!" A intenção de Deus era de que seu nome fosse conhecido em toda a terra, para que não acontecesse o que aconteceu antes do Dilúvio (as pessoas não temerem o nome do Senhor). Em Babel, eles queriam promover a fama e a glória do nosso Deus? Não. Queriam tornar célebre o seu próprio nome. Vemos a motivação por trás do líder, por trás da torre e também do coração de todo o povo.

Com a grande estatura da torre, conhecida hoje como a torre de Babel, Ninrode tornou-se conhecido pela tradição judaica e babilônica como "príncipe dos céus". Também segundo essa tradição, e muitos outros estudos históricos e teológicos, o Ninrode que era filho de Cuxe acabou se casando com uma mulher chamada Semíramis, a qual era ninguém menos que sua própria mãe, esposa de Cuxe. Esse argumento está em praticamente todos os antigos mitos sobre a religião babilônica, sobre a nação babilônica, sobre os princípios do governo da religião e da história desse povo. Ao se casar com essa mulher, Ninrode se autointitula "deus Sol", dando origem, segundo o mito babilônico, à criação da religião babilônica.

Depois de um tempo, por causa dessa loucura, segundo a tradição babilônica e judaica (repito isso sempre, porque não está na Bíblia, não é inspirado por Deus; é a tradição de um povo, um mito), eles criaram uma religião, e essa religião destruiu o povo de Israel. Para que você tenha uma noção, essa religião esteve presente na história de Israel em todo o Antigo Testamento, como veremos adiante.

Vamos, então, entender essa mentira toda relacionada ao mito religioso babilônico, para ver onde a verdade da revelação de Deus entra e como destrói essa mentira no Pentateuco, especialmente com Gênesis. O Pentateuco é a verdade que destrói a mentira que a a falsa religião babilônica inculcou na mente dos judeus. É importante que nós conheçamos essa mentira se queremos estudar o Pentateuco.

CAPÍTULO UM

Segundo a tradição, o tio-avô (Sem) matou seu sobrinho-neto (Ninrode), que casou com a mãe/esposa (Semíramis). Assim, Ninrode morreu. Todas as tradições apontam para esse tipo de morte. Com Ninrode morto, Semíramis fica grávida pouco tempo depois. E todos ficam surpresos! Como pode acontecer um negócio desses se o marido/filho dela morreu?

Ela dizia algo como: "Não, ele não morreu. Ele se chamava príncipe dos céus, nosso deus Sol. Quando ele morre, volta para o seu lugar. Todas as manhãs, ele renasce, acorda para nos aquecer, para nos iluminar, para nos proteger. Enquanto o Sol nascer, Ninrode estará conosco! Ele é o deus Sol! Se um dia o Sol não aparecer, então vocês poderão dizer que Ninrode morreu de fato. Eu não estou grávida de qualquer homem como vocês estão dizendo. Eu estou grávida pelo espírito do deus Sol. E a criança que agora está no meu ventre foi concebida pelo poder do espírito do deus Sol."

Isso também não está na Bíblia; está na tradição babilônica, milênios antes de Jesus nascer.

Essa mulher se torna símbolo de grande poder e autoridade. Em todo o contexto babilônico, ela é chamada de "a Rainha da Liberdade". E não imagine você que essa seja uma boa liberdade. Ele não está falando de uma santa liberdade, mas de uma independência de Deus. É uma espécie de feminismo da Antiguidade. O tipo de gente que diz: "Nós queremos a liberdade, porque estamos debaixo da opressão dos homens, de Deus e do machismo bíblico." Isso não é de hoje. O grande símbolo da liberdade na Antiguidade é Semíramis.

À medida que a religião avança, o nome de Semíramis e de Ninrode mudam, mas sempre vemos a ideia da mulher como símbolo do poder, da libertação, da liberdade. Talvez você já tenha visto a Estátua da Liberdade: a original está na França, em Paris. Os franceses fizeram uma réplica idêntica dela, em tamanho colossal, e mandaram-na como presente para os americanos, que a colocaram em Nova York, onde acabou mais conhecida do que a original francesa.

Quando olhamos para as origens dessa estátua, principalmente no que se refere aos contornos da roupa, ao braço estendido e aos seios à mostra, o que temos por trás desse ícone é uma evocação da história passada, ligada à liberdade, à libertação, à independência que nasce na religião babilônica, fundamentada na independência do seu próprio deus. Talvez você tenha uma réplica dessa deusa no seu bolso, pois há quem diga que ela é o busto da república, a imagem da república.

Enfim, Semíramis ficou grávida, seu filho nasceu, e ela lhe deu o nome de Tamuz, segundo as tradições babilônica e judaica. O nome *Tamuz* está na Bíblia; o codinome de Semíramis, *Rainha dos Céus*, também está na Bíblia. O próprio deus Sol está na Bíblia. Curiosamente, os três aparecem juntos em várias ocasiões como fonte da adoração do povo de Deus.

Segundo as tradições babilônica e judaica, Semíramis deu à luz a criança afirmando que esta seria uma encarnação do espírito do deus Sol que a engravidou. Esse filho, Tamuz, cresceu e, na época de sua juventude, foi atacado por um porco selvagem enquanto caçava no campo. Nesse ataque, veio a morrer. Segundo o mito (muito crido pelo povo de Israel), Semíramis — como a rainha dos céus — a sumo sacerdotisa da religião babilônica, deu início a um jejum com várias mulheres, pedindo ao deus Sol que ressuscitasse Tamuz. Segundo o mito, após quarenta dias de jejum e oração, Tamuz ressuscitou.

CAPÍTULO UM

Nesse momento, após a ressurreição de Tamuz, Semíramis acabou sendo celebrada como Rainha dos Céus.

Depois do nascimento e da morte de Tamuz, Semíramis reuniu todo o povo em um jejum de quarenta dias, segundo os escritos babilônicos. Anualmente, celebrava-se a quaresma babilônica com o objetivo de louvar o deus Sol pela ressurreição de Tamuz. Dentro da religião babilônica, que alcançou o Egito, a Síria, a Grécia e Roma, a imagem que permaneceu desse evento sempre foi a de uma mulher com uma criança no colo. A associação era a da mãe que consegue, por meio da sua intercessão, ressuscitar o seu filho e fazer dele alguém que pudesse corroborar para comprovar a veracidade dessa religião.

Aí nasce o mistério da mãe com a criança. Essa imagem da mãe com a criança perpassa toda a Antiguidade. Assim nasce a "trindade profana", como é chamada hoje em dia: Ninrode, o pai; Semíramis, a mãe; Tamuz, o filho. Rapidamente essa religião se estendeu pelo mundo, nascendo, assim, a religião babilônica.

Esse arcabouço histórico é importante, porque a religião babilônica influenciou os egípcios, que por sua vez influenciaram os judeus, que por sua vez, agora, precisavam quebrar tudo isso para crer no único Deus que existia.

Essa religião se expandiu por todo o mundo. Os nomes mudaram, mas o culto à mãe com um filho no colo era o mesmo. Semíramis e Tamuz recebem os nomes a seguir, de acordo com a região em que estão:

> **ASTAROTE** — Baal. Nomes recebidos na Fenícia. Semíramis é Astarote; Baal é Tamuz. Com a história da própria religião fenícia, as práticas mudaram. Houve um tempo em que o símbolo de Astarote

e Baal não era a mãe com a criança no colo.

Até chegou um tempo no qual a sexualidade ficou muito forte, como era na antiga Babilônia e também chegou a ser na Fenícia. Os cultos eram cheios de prostituição, com prostitutas cultuais. Astarote era o símbolo de uma vagina; Baal, o de um pênis. E assim eles eram cultuados e adorados com a ideia mais fanática de religião que possa existir, e é por isso que havia verdadeiras orgias nesses cultos pagãos que eles realizavam.

ISHTAR — Inanna. Esses são os nomes que Semíramis e Tamuz recebem na Assíria.

ÍSIS — Osíris. Nomes que recebem no Egito. Também há o deus Hórus, mas ele está associado a Ninrode.

AFRODITE — Eros. Nomes que a mãe e o filho recebem na Grécia.

VÊNUS — Cupido. Mãe e filho, no Império Romano.

Os nomes mudam, mas a religião é a mesma, iniciada com Ninrode e sua mãe/esposa Semíramis.

Aquilo que Deus tanto falou por meio dos profetas, dizendo que eles tinham que destruir esses ídolos que as pessoas tinham em casa — "Meu povo me honra de lábios, mas seu coração..." — referia-se a todo esse contexto. O povo, vez por outra, jogava fora os ídolos.

A imagem desses deuses domina o tempo todo. Quando os egípcios estavam no poder, surgiram Ísis, Osíris e Hórus. No período grego, havia Zeus como Ninrode, Afrodite como Semíramis e Eros como Tamuz. Durante o período romano, havia Saturno como Ninrode, Vênus como Semíramis e Cupido como Tamuz.

CAPÍTULO UM

Vamos conferir alguns textos bíblicos. O primeiro é Ezequiel 8.5-18, em que vemos essas figuras mencionadas e apresentadas como parte da religião do povo israelita.

Antes de lermos o texto, tenhamos em mente o contexto por trás do que consta em Ezequiel 8.5-18. Deus está dando uma visão a Ezequiel. Ezequiel profetizou na Babilônia. Jerusalém estava destruída. O povo estava no cativeiro babilônico, onde permaneceu por setenta anos. Deus levantou Ezequiel na Babilônia para pregar ao povo. Deus deu várias visões a ele, e essa é uma delas. Por que razão Deus levou o povo para a Babilônia? Deus quer mostrar tudo isso a Ezequiel, para que ele profetizasse ao povo, lembrando o motivo pelo qual eles estavam cativos. Vamos ao texto:

> ⁵Ele me disse: Filho do homem, levanta agora os olhos para o norte. Levantei os olhos para lá, e eis que do lado norte, à porta do altar, estava esta imagem dos ciúmes, à entrada.
>
> ⁶Disse-me ainda: Filho do homem, vês o que eles estão fazendo? As grandes abominações que a casa de Israel faz aqui, para que me afaste do meu santuário? Pois verás ainda maiores abominações.
>
> ⁷Ele me levou à porta do átrio; olhei, e eis que havia um buraco na parede. Então, me disse: Filho do homem, cava naquela parede.
>
> ⁸Cavei na parede, e eis que havia uma porta.
>
> ⁹Disse-me: Entra e vê as terríveis abominações que eles fazem aqui.

¹⁰Entrei e vi; eis toda forma de répteis e de animais abomináveis e de todos os ídolos da casa de Israel, pintados na parede em todo o redor.

¹¹Setenta homens dos anciãos da casa de Israel, com Jazanias, filho de Safã, que se achava no meio deles, estavam em pé diante das pinturas, tendo cada um na mão o seu incensário; e subia o aroma da nuvem de incenso.

¹²Então, me disse: Viste, filho do homem, o que os anciãos da casa de Israel fazem nas trevas, cada um nas suas câmaras pintadas de imagens? Pois dizem: O Senhor não nos vê, o Senhor abandonou a terra.

¹³Disse-me ainda: Tornarás a ver maiores abominações que eles estão fazendo.

¹⁴Levou-me à entrada da porta da Casa do Senhor, que está no lado norte, e eis que estavam ali mulheres assentadas chorando a Tamuz.

¹⁵Disse-me: Vês isto, filho do homem? Verás ainda abominações maiores do que estas.

¹⁶Levou-me para o átrio de dentro da Casa do Senhor, e eis que estavam à entrada do templo do Senhor, entre o pórtico e o altar, cerca de vinte e cinco homens, de costas para o templo do Senhor e com o rosto para o oriente; adoravam o sol, virados para o oriente.

¹⁷Então, me disse: Vês, filho do homem? Acaso, é coisa de pouca monta para a casa de Judá o fazerem eles as abominações que fazem aqui, para que ainda encham de violência a terra e tornem a irritar-me? Ei-los a chegar o ramo ao seu nariz.

CAPÍTULO UM

¹⁸Pelo que também eu os tratarei com furor; os meus olhos não pouparão, nem terão piedade. Ainda que me gritem aos ouvidos em alta voz, nem assim os ouvirei. **EZEQUIEL 8.5-18**

Ao olharmos para o texto, o que encontramos é o seguinte:

VERSÍCULOS 5-10. Ezequiel está tendo uma visão. Ele viu na entrada uma imagem do ciúme e não fala o que é. Depois ele vê uma parede, e é chamado a escavar essa parede. Vê uma espécie de escritório, de câmara secreta, casas nas quais os anciãos de Israel estavam adorando deuses pintados nas paredes, aparentemente deuses herdados do contexto religioso egípcio.

VERSÍCULOS 11-13. O que pode ser pior do que isso? Uma imagem do ciúme na entrada do templo; as casas cheias de pinturas de ídolos. Deus disse: "Isso tudo é abominação", e você vai ver coisas piores.

VERSÍCULO 14. Não é impressionante o texto? Enquanto havia adoração aos deuses pintados nas paredes, mulheres estavam nas escadarias do templo, na entrada do portão norte da Casa do Senhor, chorando pelo deus Tamuz, o mesmo deus babilônico que temos visto até aqui. Vale a pena refletir: por que estavam chorando por Tamuz? Na prática religiosa babilônica, observava-se, uma vez por ano, durante quarenta dias de jejum (quaresma babilônica), um período de lamento, de choro por Tamuz. Ao final desse período de choro por Tamuz, celebrava-se especialmente a figura de Semíramis na religião babilônica, que provavelmente influenciou a religião fenícia (Afrodite e Baal), que tanto influenciou os judeus também. As mulheres estavam associadas a esse período de jejum e choro. No final, elas celebravam a ressurreição de Tamuz. E Deus diz a Ezequiel que ele veria coisas ainda piores do que essas (v. 15).

VERSÍCULO 16. Imagine que estamos de costas para o templo e voltamos o rosto para o Oriente (Leste). Se você está em Jerusalém e se volta para o Oriente, tem geograficamente a Babilônia diante de você. A Babilônia estava mais ou menos onde hoje localiza-se o Iraque, perto de Bagdá. Imagine aquela região como sede da grande Babilônia da Antiguidade. E quem era tradicionalmente o deus Sol adorado na Babilônia? Deus está mostrando os homens se prostrando na direção do Sol para adorá-lo (dentro do Templo), enquanto as mulheres adoravam Tamuz na entrada do Templo. Não é interessante? Ninrode e Tamuz, deuses babilônicos, após milhares de anos ainda exercendo influência sobre a nação de Israel.

Outro texto que podemos visitar é Jeremias 44. No texto que acabamos de ler, Semíramis não é mencionada. São mencionados o filho e o "pai" nessa religião babilônica, mas não a mãe.

Em Jeremias 44, ela é apresentada justamente com o nome que recebe nas tradições babilônica e egípcia. Vamos compreender o contexto. Jeremias estava no Egito. A cidade de Jerusalém já tinha sido destruída. Ele já havia escrito Lamentações e sido sequestrado e levado para o Egito, onde morreu. Foi sequestrado por aquele grupo que fugiu do império de Nabucodonosor, conseguiu escapar do cativeiro babilônico e acabou morrendo no Egito. No Egito, Jeremias continuou a lhes pregar e chamá-los ao arrependimento.

No texto a seguir, temos o final do sermão de Jeremias e o início de uma conversa entre ele e as mulheres que estavam reunidas com seus maridos para ouvi-lo.

¹⁴[...] de maneira que, dos restantes de Judá que
vieram à terra do Egito para morar, não haverá quem

escape e sobreviva para tornar à terra de Judá, à qual desejam voltar para morar; mas não tornarão senão alguns fugitivos. ¹⁵Então, responderam a Jeremias todos os homens que sabiam que suas mulheres queimavam incenso a outros deuses e todas as mulheres que se achavam ali em pé, grande multidão, como também todo o povo que habitava na terra do Egito, em Patros, dizendo: ¹⁶Quanto à palavra que nos anunciaste em nome do SENHOR, não te obedeceremos a ti; ¹⁷antes, certamente, toda a palavra que saiu da nossa boca, isto é, queimaremos incenso à Rainha dos Céus e lhe ofereceremos libações, como nós, nossos pais, nossos reis e nossos príncipes temos feito, nas cidades de Judá e nas ruas de Jerusalém; tínhamos fartura de pão, prosperávamos e não víamos mal algum. ¹⁸Mas, desde que cessamos de queimar incenso à Rainha dos Céus e de lhe oferecer libações, tivemos falta de tudo e fomos consumidos pela espada e pela fome. ¹⁹Quando queimávamos incenso à Rainha dos Céus e lhe oferecíamos libações, acaso, lhe fizemos bolos que a retratavam e lhe oferecemos libações, sem nossos maridos? **JEREMIAS 44.14-19**

VERSÍCULOS 14 E 15. Jeremias termina seu sermão aos judeus que estavam em Patros. Aqui no versículo 15 ouvimos as mulheres. Lembre-se do papel das mulheres na religião babilônica e da ideia de liberdade, domínio, de elas serem mandatárias e quebrarem tudo aquilo que um dia foi a orientação do Senhor. Pois é.

VERSÍCULOS 16-19. Jeremias fala com os homens, e elas respondem. Imagine, pastor: Você prega. Daí, levanta-se o grupo das mulheres e diz: "Pastor, não vamos obedecer a nada do que você pregou. Não vamos ouvir nada! Desde o dia em que começamos a ouvir o que você prega, deu tudo errado em nossa vida. Enquanto adorávamos aquela que é a mãe da religião babilônica, dentro da cultura e da história babilônica, dentro da própria revelação bíblica, não tínhamos falta de nada. Prosperávamos! Enquanto queimávamos libações e entregávamos ofertas, éramos felizes!"

Muitas vezes, nós vemos essas divindades se misturando com o nosso povo. Vemos Ezequiel falando sobre toda essa religião babilônica que infesta o povo no período pré-babilônico. Vemos também em alguns talmudes inclusive um relato histórico do período dos apóstolos. Tudo isso nasce com um homem chamado Ninrode, lá em Gênesis, o início do Pentateuco. John MacArthur escreveu o seguinte num de seus comentários sobre esse texto:

> As religiões de mistério assumiram muitas formas diferentes, retrocedendo milhares de anos. Diversos ensinos e superstições que essas religiões propagavam eram comuns a cada uma de suas ramificações. Evidentemente, todas elas estavam interligadas por doutrinas comuns, e a evidência aponta a mesma origem, Babilônia. Todo falso sistema de adoração originou-se nas religiões de mistério da Babilônia, pois todos esses falsos sistemas religiosos começaram na torre de Babel, que é a primeira representação da religião falsa, sofisticada e organizada.[8]

CAPÍTULO UM

Além dessa citação, MacArthur também faz menção a isso em um sermão sobre Gênesis 11.

> Na verdade, a Bíblia traça todas as falsas religiões até — onde? — Babilônia. Babilônia — Apocalipse 17, Apocalipse 18. Eles rejeitaram o verdadeiro Deus. Eles desenvolveram a crença em deuses falsos. Cultos de mistério babilônicos se desenvolveram a partir disso e se espalharam por todo o mundo. Você tem um culto de mistério babilônico, um culto de mistério de Babel — essa é a adoração de falsos deuses; esse é um sistema de idolatria em Babel. E quando Deus espalha todos eles, isso não foi um reavivamento espiritual; eles simplesmente pegaram pedaços dessa falsa religião e a espalharam por toda a Terra. E é por isso que as Escrituras indicam em Apocalipse 17.5 que todas as falsas religiões do mundo encontram seu caminho de volta a Babel. Até mesmo a forma de religião que caracteriza o Anticristo no fim dos tempos, Apocalipse 18, é chamada de Babilônia. Babilônia.[9]

MacArthur cita Gênesis 11.1-9 aqui. Ninrode, neto de Cam e bisneto de Noé, foi o patriarca apóstata que organizou e dirigiu a construção da torre no lugar que foi o princípio de seu reino, Babel. Todas as falsas religiões subsequentes provêm da religião de Babel. Segundo MacArthur, a heresia babilônica permanece viva até hoje.

Para concluir este primeiro capítulo, quero deixar destacada a mensagem que registramos aqui: o porquê de o povo de Israel se desviar tanto e encher-se de idolatrias, a ponto de o Senhor ter que dar a eles um livro, a fim de quebrar esse espírito idólatra.

O Pentateuco tem como uma de suas principais finalidades quebrar essa grossa casca de idolatria e de religiosidade que se formou ao longo de quatrocentos anos no Egito.

O contexto religioso egípcio e sua relevância para a compreensão da religiosidade dos israelitas no Antigo Testamento

No segmento anterior, entendemos que a falsa religião, que tanto atrapalhou Israel em toda a sua história, teve início quando Ninrode entrou na corrida inescrupulosa pela fama. Ele queria fazer célebre o seu nome; levou consigo todos os habitantes de Babel, incentivando-os a fazer célebres seus nomes. Eles se uniram, em vez de se espalharem, como havia sido a ordem do Senhor. Fizeram o contrário do que Deus havia ordenado. Por causa disso, veio a desgraça.

O povo judeu não era apenas influenciado pela religião babilônica e sua estrutura, mas também pela religião egípcia. No tempo em que os judeus receberam o Pentateuco, eles haviam saído do Egito depois de terem vivido ali por pouco mais de quatrocentos anos. Ou seja, muitas gerações foram aprendendo, ensinando e transmitindo a filhos, netos e bisnetos tudo aquilo que aprenderam de seus antepassados. Assim, aquela religião dos antepassados, nascida na Babilônia, agora recebe todo o recheio da religião egípcia e entra na cabeça do povo judeu.

Dessa forma, é importante que conheçamos o contexto religioso egípcio, a fim de entender muitas das coisas que são ditas no Pentateuco. Elas ficarão mais claras. Deus estava querendo

CAPÍTULO UM

quebrar essas ideias na mentalidade dos judeus, por isso tal religião é descrita.

Meu propósito é falar um pouco sobre o contexto cultural e as cosmogonias presentes no período da escrita de Gênesis.

O que é cosmogonia (κοσμογονία)? *Cosmo* (κόσμος) é "mundo" (coisas criadas, dentro da ideia da palavra grega); *gonia* (de γίνομαι) traz consigo a ideia etimológica de "geração", aquilo que é gerado. *Cosmogonia*, então, representa a ideia de como nasceu o mundo, da origem de tudo, de onde vieram todas as coisas e o Universo.

O mundo de hoje também tem a sua cosmogonia, a sua teoria sobre a origem de todas as coisas: as que se veem e as que não se veem. Naquela época, as pessoas também tinham as suas cosmogonias, que não têm nada que ver com as nossas de hoje. Assim como em Gênesis, nós temos uma cosmogonia sendo apresentada.

Nessa época antiga, algumas histórias se destacam, como o *Enuma Elish*, mito babilônico da criação, e a de *Utnapishtim*, o "Noé" babilônico, retratado na *Epopeia de Gilgamesh*. Alguns apostam que elas datam de um período anterior ao Gênesis. Outros discordam, datando-as posteriormente a ele. Mas isso não importa: o fato é que Gênesis relata um evento que aconteceu. Muita gente duvida do Dilúvio, mas ele está tanto em escritos canônicos (Bíblia) como em escritos extracanônicos, além de estar presente no registro arqueológico e histórico de vários povos e tribos em vários continentes no planeta.

O evento de um dilúvio universal é relatado na *Epopeia de Gilgamesh* e também encontrado no contexto da religião egípcia. Outro livro que menciona tudo isso, porém não como um mito, é o de Gênesis, trazendo não apenas o relato da Criação, mas também o relato do Dilúvio. Além desses livros, praticamente cada nação tinha sua própria visão sobre a origem de todas as coisas e de alguns eventos cataclísmicos que aconteceram na humanidade, tais como o Dilúvio.

Às vezes, dentro do contexto de um povo, mais de uma visão era ensinada. Às vezes havia um grupo que ensinava como o mundo surgiu, e outro que ensinava quais as divindades que estavam por trás dessa criação toda. O povo de Deus estava cercado por todas essas ideias.

Imagine que façamos parte dessa multidão de mais de 2 milhões de pessoas que saíram do Egito. Todos nós estamos com a nossa cabeça cheia de quê? Não pense você que os israelitas que saíram do Egito acreditavam que Deus, *Yahweh* (ou o Deus de Abraão, Isaque e Jacó), foi o criador dos céus e da terra. Se havia vinte por cento deles que acreditavam nisso, era muito. Eles ainda não tinham o Gênesis, que seria escrito por Moisés, o libertador de Israel.

No que eles acreditavam? Acreditavam, muito remotamente, num Deus de seus pais que era o Criador dos céus e da terra, mas não só nesse Deus. É por isso que, ao longo da caminhada, por vezes nós vemos a ordem, a recomendação, de abandonar os ídolos dos pais. Josué, no capítulo 24 do seu livro, diz algo como: "Olhem, vocês têm que decidir. Eu estou para morrer" (e ele morreu depois de poucos anos) "e vocês ainda estão cultuando os deuses de nossos pais". Vejamos:

> Depois, reuniu Josué todas as tribos de Israel em Siquém e chamou os anciãos de Israel, os seus cabeças, os seus juízes e os seus oficiais; e eles se apresentaram diante de Deus. Então, Josué

CAPÍTULO UM

disse a todo o povo: Assim diz o SENHOR, Deus de
Israel: *Antigamente, vossos pais, Tera, pai de Abraão
e de Naor, habitaram dalém do Eufrates e serviram
a outros deuses.* Eu, porém, tomei Abraão, vosso
pai, dalém do rio e o fiz percorrer toda a terra de
Canaã; também lhe multipliquei a descendência e
lhe dei Isaque. A Isaque dei Jacó e Esaú e a Esaú
dei em possessão as montanhas de Seir; porém
Jacó e seus filhos desceram para o Egito.

Então, enviei Moisés e Arão e feri o Egito com
o que fiz no meio dele; e, depois, vos tirei de lá.
Tirando eu vossos pais do Egito, viestes ao mar; os
egípcios perseguiram vossos pais, com carros e
com cavaleiros, até ao mar Vermelho. E, clamando
vossos pais, o SENHOR pôs escuridão entre vós e
os egípcios, e trouxe o mar sobre estes, e o mar os
cobriu; e os vossos olhos viram o que eu fiz no Egito.
Então, habitastes no deserto por muito tempo. Daí
eu vos trouxe à terra dos amorreus, que habitavam
dalém do Jordão, os quais pelejaram contra vós
outros; porém os entreguei nas vossas mãos, e
possuístes a sua terra; e os destruí diante de vós.
Levantou-se, também, o rei de Moabe, Balaque, filho
de Zipor, e pelejou contra Israel; mandou chamar
Balaão, filho de Beor, para que vos amaldiçoasse.
Porém eu não quis ouvir Balaão; e ele teve de
vos abençoar; e, assim, vos livrei da sua mão.

Passando vós o Jordão e vindo a Jericó, os
habitantes de Jericó pelejaram contra vós outros
e também os amorreus, os ferezeus, os cananeus,

os heteus, os girgaseus, os heveus e os jebuseus; porém os entreguei nas vossas mãos. Enviei vespões adiante de vós, que os expulsaram da vossa presença, bem como os dois reis dos amorreus, e isso não com a tua espada, nem com o teu arco. Dei-vos a terra em que não trabalhastes e cidades que não edificastes, e habitais nelas; comeis das vinhas e dos olivais que não plantastes. Agora, pois, temei ao Senhor e servi-o com integridade e com fidelidade; *deitai fora os deuses aos quais serviram vossos pais dalém do Eufrates e no Egito e servi ao Senhor.* Porém, se vos parece mal servir ao Senhor, escolhei, hoje, a quem sirvais: se aos deuses a quem serviram vossos pais que estavam dalém do Eufrates ou aos deuses dos amorreus em cuja terra habitais. Eu e a minha casa serviremos ao Senhor. **JOSUÉ 24.1-15**

Quando Abraão foi chamado em Ur dos Caldeus, ele era um idólatra; ele tinha muitos deuses. Quando o Deus verdadeiro o chamou, ele deixou tudo e, pela fé, seguiu o Deus verdadeiro; ele deixou todos os seus ídolos. Seus filhos acabariam voltando-se futuramente aos ídolos dele. Acabariam abraçando a religião dos caldeus, que era a religião dos babilônios, e a do próprio Abraão antes do seu chamado em Gênesis 12.

No capítulo 24, Josué questiona: *A quem vocês vão servir? Aos deuses de nossos pais ou ao Deus que abriu o mar Vermelho, que nos tirou do Egito, da casa da servidão? Vocês terão que decidir! Eu e a minha casa serviremos ao Senhor, mas e vocês?* O povo todo chora e diz: *Nós também decidimos que*

CAPÍTULO UM

vamos servir ao Senhor. E saíram quebrando deuses e ídolos, fazendo uma espécie de rompimento e separação em relação àquela falsa religião, que, apesar da libertação do Egito, eles ainda praticavam.

Veja que esse povo que saiu do Egito não saiu com todos acreditando no Deus verdadeiro. Josué lidava com um povo posterior à revelação dada por Moisés: o povo viu o rio Jordão se abrir e as águas se deterem; viu o monte Sinai fumegando e tremendo; viu a terra se abrindo e engolindo aqueles que fizeram coisas que não deviam ter feito; viu aqueles que tocaram na arca quando não deveriam fazê-lo; viu a coluna de fogo e a nuvem que os guiava. Mesmo assim, depois de tudo isso, Josué, antes de morrer, teve que dizer: *Vocês têm que decidir se vão continuar seguindo esses deuses da terra de nossos pais*! A mentalidade desses milhões que saíram do Egito ainda estava formada pela religião egípcia. Eles saíram do Egito, mas o Egito não saiu deles. Eles deixaram a prática religiosa no local egípcio, mas a religião egípcia não saiu de dentro deles. E a religião egípcia nasceu na Babilônia.

É por isso que o Pentateuco é uma espécie de chamado e de exortação, além de um ensino para que o povo retorne ao Deus verdadeiro, ao Deus de Abraão. Nos Estados Unidos, há teólogos que são escritores muito bons, fantásticos, eruditos na área relacionada ao Antigo Testamento; esses teólogos dizem que Gênesis é um livro apologético; um livro no qual Deus está mostrando qual é a fé do povo; um livro que dá base para que o povo defenda aquilo em que crê nos momentos em que entrar no meio de outro povo que seja cheio de ídolos, como em Canaã. Precisamos saber em quem cremos, defender essa crença e viver e morrer por essa fé.

Vejamos como os países tratavam esse assunto, começando pelo Egito. Os filhos de Abraão viveram no mundo pagão — espero que isso fique claro para todos nós. Com Isaque, foi assim; com Jacó, foi assim; com os doze filhos de Jacó, foi assim também. Depois que morreram Jacó, seus filhos e os descendentes deles, todos viveram como escravos no meio de povos pagãos, ali no Egito. Só Israel adorava a *Yahweh*, ou o Eu Sou.

As demais nações tinham seus próprios deuses e deusas e seus próprios relatos da criação, suas cosmogonias — principalmente no antigo Egito e no Oriente Próximo, pois alguns relatos da criação foram encontrados ali em algumas pedras. Os escritos cuneiformes igualmente contam uma espécie de criação. No Egito, os atos da criação são também atribuídos a diversas divindades. Eles acreditavam que muitas divindades haviam criado tudo o que existe. As cidades de Heliópolis, Mênfis, Hermópolis, no antigo Egito, tinham o seu próprio relato da criação. Em cada uma dessas cidades ensinava-se as crianças de um modo diferente quando o assunto era o surgimento das coisas, como o mundo se fez e qual divindade esteve por trás da criação. Cada cidade tinha sua cosmogonia. A cosmologia e a cosmogonia básicas dos egípcios parecem como que as mesmas, embora uma coisa ou outra mude. A base da história são as "águas primordiais", denominadas Nun, de onde surge a criação. Tudo surge da água, de Nun, que é uma espécie de divindade. Não foi um deus que criou as águas, mas as águas em si são uma divindade, com força, abrigo, proteção e alimento.

Havia uma ideia que era muito forte: a de que o deus criador, às vezes chamado de Aton e às vezes de Amon-Rá, saiu da água. Quando ele nasce das águas, passa a criar todas as

CAPÍTULO UM

coisas. Era como se Nun desse origem a Amon-Rá, ou a Aton--Rá — ou simplesmente Rá — e que este desse origem a todos os outros deuses e deusas que representam as várias forças da natureza.[10]

Vejamos a cosmogonia de Heliópolis, chamada de *Cidade do Sol*. Na Bíblia, é citada algumas vezes como Om (Gn 41.45,50; 46.20). Sua principal divindade era Rá. Ela ficava ao sul da moderna cidade do Cairo e era o centro da adoração ao deus Sol. Por isso, os gregos deram a ela o nome de Heliópolis, que é uma palavra grega, não egípcia. No Antigo Reino, Rá já era conhecido como o grande criador de todas as coisas; o nome dele está, de vez em quando, associado a outros, como Amon-Rá (ou Rá, ou Aton-Rá). Os egípcios diziam: são três divindades; outros diziam: não, é uma só; e ainda outros diziam: é Rá que incorpora Amon e é Rá que incorpora Aton. Eles não se misturam.

A ideia transmitida por essas divindades é a de que elas estão por trás de toda a criação. É como se Rá, a grande divindade criadora, habitasse sua própria criação, tornando a criação divina também. A criação não vive sem Rá, por isso a criação é divina. Ele permanece ele mesmo, sendo Rá, o criador, com a possibilidade de aparecer separadamente ou em outras combinações, fazendo que outras coisas possam ser divinas.

Acreditava-se que Aton-Rá criou todas as coisas pela saliva e cuspe (como quando você cospe uma semente, ela vira um lodo e nasce uma planta — se isso fosse possível), ou pela masturbação, ou pelo vômito. São poucos os que acreditam na hipótese do vômito; as duas primeiras possibilidades são as principais mencionadas. A teoria do cuspe é a mais forte. Dessa maneira, gera-se o *Shu*, que significa "atmosfera" na língua egípcia; também aparece o *Tefnut*, que significa "umidade", gerando, por sua vez, a *Geb*, que é a "terra", e o *Nut*, que é o "firmamento". Tudo isso vem de Aton.

A outra teoria vem da cidade de Mênfis, a grande capital do Egito no Reino Antigo e no Reino Médio da sua história. A grande divindade era Ptah, que, assim como Amon, em Tebas, era a divindade mais importante da cidade e o deus daquela capital do império, de todo o reino do Egito. Ptah foi um dos primeiros a ser considerado criador de todas as coisas. Falava-se que a sua criação ocorreu por meio da palavra. Alguns diziam: "Se ele fala, acontece." Outros diziam que Ptah criou todas as coisas em uma atividade sexual com outra divindade ou sozinho.

A criação, em Mênfis, na mentalidade dos egípcios, era como uma atividade artística: quando Ptah cria, ele cria com beleza, vendo que tudo era bom. Isso é interessante e estava na mentalidade dos egípcios: quem criou, criou algo belo.

Quando consultamos a palavra hebraica que aparece em Gênesis 1, ao dizer que Deus fez o primeiro dia e viu que era *bom*, sabemos que a palavra "bom", em hebraico, não está tão relacionada à qualidade, mas à beleza estética. Quando a palavra hebraica diz que Deus viu que era *bom*, está dizendo que ele viu que aquilo era *esteticamente bonito*. Não é difícil chegar a essa conclusão quando olhamos para a criação do Senhor e sua mais variada apresentação nos céus e na terra. Os egípcios também acreditavam na criação como mais do que um simples processo natural, como se pensava em Heliópolis.

No Museu Britânico, em Londres, há uma pedra chamada de *Pedra de Shabaka*, datada do período egípcio antigo, pouco anterior à escravização dos israelitas pelos egípcios. Nela encontramos um dos pensamentos egípcios sobre a origem do mundo. Está escrito assim na pedra:

CAPÍTULO UM

> Aquele que se manifestou no coração, aquele que se manifestou com a língua, sob a aparência de Aton, esse é Ptah, o muito importante, que deu a vida a todos os deuses e a seus kas por este coração e por esta língua, através dos quais Hórus e Tot tornaram-se Ptah.
>
> Assim foram criados todos os trabalhos e a arte, a atividade das mãos, o caminhar das pernas, o funcionamento de cada membro, segundo a ordem que o coração concebeu e que se exprimiu pela língua, e é executada em todas as coisas.
>
> Portanto, denomina-se Ptah "o autor de tudo que fez os deuses existirem". Porque foi ele, Tatenen, foi ele que pôs os deuses no mundo, dos quais todas as coisas provêm, alimento e nutrição, oferendas divinas, tudo é maior do que a [provisão] dos outros deuses. Assim, Ptah ficou satisfeito após tudo ter feito, ter feito toda palavra de deus.[11]

Podemos perceber a grande semelhança de toda essa história com o relato bíblico de Gênesis. Não é muito parecido, lógico, mas há algumas coisas sobre as quais os ateus vão dizer: "Está vendo? Moisés tirou daqui sua revelação! Moisés leu a Shabaka e escreveu o Gênesis. Vocês acreditam no Gênesis e não acreditam na Shabaka."

Por que Deus, no ato revelacional, coloca na sua revelação traços de semelhança com outras literaturas que já existiam? Eu creio, de todo o meu coração, de toda a minha alma, que cada palavra que está em Gênesis foi inspirada pelo Espírito Santo de Deus. Creio que o Espírito Santo pesou cada letra, cada til, cada ponto, cada vírgula, cada letra hebraica, como o yud e o daguesh. É como Jesus falou: "Passará o céu e a terra, porém as minhas palavras não passarão" (Mateus 24.35). Se é citado no Gênesis o que já estava escrito antes, não é porque isso que foi escrito antes havia sido inspirado. Sob a pena de Moisés, há revelação, porque o Espírito Santo estava ali com ele, inspirando-o.

Pouco importa se esses relatos estavam registrados antes ou depois em outras histórias. O ponto que quero destacar aqui é que essas coisas estavam muito claras na mente dos judeus. Era nisso que eles pensavam. Era nisso que eles criam. Foi isso que eles aprenderam durante todos os séculos que ali viveram. Os ensinamentos que seus pais transmitiram se perderam com o passar do tempo. Quatrocentos anos não são quarenta anos ou quatro dias!

Você sabe quem foi o seu antepassado há quatrocentos anos? Sabe no que ele acreditava? Quatrocentos anos é muito tempo. Vamos ver um tempo mais curto: duzentos anos atrás. Seu parente de duzentos anos atrás está no céu ou no inferno? Existiu um parente seu há duzentos anos? Com certeza! Ou você não estaria aqui.

Os judeus tinham isso muito mais claro na mente: eles sabiam ser descendentes de Abraão, Isaque, Jacó e seus doze filhos. Mas, ainda assim, mesmo conhecendo sua história e onde estavam seus pais, eles se deram à crença desses falsos deuses, fazendo nosso Deus ter que quebrar, com a revelação dele, que é o verdadeiro Deus, toda essa crosta de paganismo e cosmogonias bizarras, absurdas, ridículas e nojentas.

John Sailhamer, até pouco tempo a maior autoridade viva em Antigo Testamento, especialmente em Gênesis, escreveu o

CAPÍTULO UM

livro *Genesis Unbound*, não traduzido ainda para o português. Ele diz o seguinte:

> Outros, entretanto, mantêm que essas
> narrativas nunca pretenderam ser lidas literal
> e realisticamente. Esses textos, dizem eles,
> nunca descreveram eventos reais. Eles sempre
> foram simples histórias somente, símbolos ou
> mitos de uma antiga era. Eles representavam
> uma das formas das antigas sociedades
> explicarem seu mundo. O propósito deles
> não era explicar como o mundo foi criado,
> mas dizer que o mundo é um lugar onde o ser
> humano pode se sentir em casa com Deus.[12]

Sailhamer, que conhece muito dessas histórias, nos apresenta o entendimento de que aquela religiosidade que os israelitas aprenderam no Egito foi aprendida como uma espécie de religião do coração. Não é que eles acreditavam mesmo naquilo, mas, de alguma maneira, era o "mito xodó" deles, ou, como alguns preferem dizer, um mito fundador que lhes dava bases para sua ética social.

Nós estamos cheios de coisas assim hoje em dia. Falamos que cremos no Deus da Bíblia, mas temos dificuldade de acreditar em certas coisas que se encontram nela. Cremos em Jesus Cristo, mas temos dificuldade de pôr em prática algumas coisas que ele fala.

Eu tive um aluno muitos anos atrás que me disse algo inusitado. Em certa ocasião, quando falei sobre adultério na aula de Ética Cristã, ele retrucou para mim e para a classe toda:

— Professor, eu duvido que olhar para uma mulher e cobiçar seja pecado! Não pode ser!

Eu respondi:

— Como que não pode? Jesus disse que, se você olhar para uma mulher tendo intenção impura e cobiçá-la, é pecado!

Ele replicava:

— Mas não pode! Está errado, porque eu sou assim. Deus me fez assim! Se eu não fosse assim, seria homossexual e estaria cobiçando um homem. Logo, é natural que eu deseje as mulheres. Quando chego a minha casa, fico com minha esposa. É impossível pra mim ter outra atitude!

Esse senhor, que estava dentro de um seminário, tinha fé em Jesus, mas guardava uma estupidez no coração.

Quando olhamos para os israelitas no passado, em algum momento nós os vemos negando o Deus único e verdadeiro? Não. Eles diziam: "Nós cremos no Senhor. Nós e os nossos filhos!" Mas estariam eles dispostos a jogar fora os ídolos depois que o profeta fosse embora? Sabemos que não. Eles tinham fé no Deus bíblico, mas guardavam essas coisas que eram pregadas e ensinadas por outras religiões.

Em uma região da Mesopotâmia, foi escrito o épico *Enuma Elish*, escrito em sete tábuas de argila. Ele só foi encontrado recentemente (1849) pelo arqueólogo inglês Austen Henry Layard. Foi encontrado de forma fragmentada na arruinada Biblioteca de Ashurbanipal em Nínive (Mosul, Iraque). Nelas, diversos deuses representam os aspectos do mundo físico. Dentre esses deuses, temos Apsu, o deus da água doce.

CAPÍTULO UM

Apsu, deus da água, lembra Nun, que também é água na antiga religião egípcia. A esposa de Apsu se chama Tiamat; ela é a deusa do mar, da água salgada (como a Iemanjá dos cultos afro-brasileiros). Do caos e da ameaça dessas águas, criam-se os deuses tempestuosos. Vários deuses foram criados dentro do caos. Esses novos deuses são briguentos, violentos, demasiadamente tumultuosos, demônios. Apsu decide matá-los. Ea descobre o plano e se antecipa: ele mata Apsu. Posteriormente, Dankima, a esposa de Ea, dá à luz Marduque, divindade bem conhecida. Entretanto, Tiamat, viúva de Apsu, enraivecida pelo assassinato do seu marido, jura vingança e cria onze monstros para executá-la. Tiamat se casa com Kingu, que ficou no lugar de Apsu, e coloca-o à frente do seu exército, para acabar com toda essa bagunça.

A tábua que conta essa história era conhecida no Egito e era crida e ensinada pelos israelitas que lá viveram.

Na **PEDRA 2**, vemos as forças de Tiamat reunidas para vingança, visto que mataram Apsu, marido dela. Mas, como já dito, Ea descobriu o plano e confrontou Tiamat. Na pedra, há uma parte danificada no trecho em que aparentemente se registra a derrota de Ea.

PEDRA 3 — Gagá, que era ministro de Anshar, outra divindade daquela mitologia babilônica antiga, é encarregado de vigiar todas as atividades de Tiamat e de informar tais atividades sobre seus desejos de guerra contra Marduque. No final desta pedra, esses deuses decidem se submeter a Marduque e acompanhá-lo na guerra contra Tiamat.

PEDRA 4 — Vemos Marduque crescendo em poder. O conselho dos deuses testa os poderes de Marduque no meio dessa guerra mitológica egípcia. (O problema é que muitos israelitas provavelmente acreditavam nisso.) Depois de passar no teste, o conselho entrega o trono a Marduque e encarrega-o de lutar contra Tiamat, a viúva. Com a autoridade do conselho, Marduque reúne as armas, os quatro ventos e os sete ventos da destruição. Assim, segue para o confronto. Depois de prender Tiamat numa rede, liberta o vento do mal contra ela, que, incapacitada, é morta com uma flecha no coração, o que permite a Marduque capturar os deuses e os monstros aliados a ela. Marduque divide o corpo de Tiamat em dois e, de uma parte, cria a terra e tudo o que nela existe e, de outra parte, cria os céus. Toda essa mitologia tem um só objetivo: dizer de onde surgiram as coisas e os seres humanos. Isso era ensinado para as crianças descendentes das doze tribos de Israel.

PEDRA 5 — Marduque cria várias residências para todos os deuses; à medida que eles ocupam suas casas, são criados os dias, os meses, as fases da Lua, o inverno, a primavera, o verão e o outono. Da saliva de Tiamat, que saía de sua boca quando ela morreu, foi criada a chuva. A cidade da Babilônia tem origem nessa chuva. Assim, Babilônia é a cidade na qual o rei Marduque era adorado. Curiosamente, o deus Sol também.

PEDRA 6 — Marduque decide criar os seres humanos, mas, para isso, precisava de sangue. Apenas um dos deuses poderia morrer. Marduque consulta o conselho e descobre que quem incitou a revolta foi Kingu, marido de Tiamat. Marduque mata Kingu e usa o sangue dele para criar o homem em sua própria honra. Os deuses constroem uma casa na Babilônia. Há uma grande festa para os deuses. Quando essa casa foi concluída, ali os homens foram criados com o sangue de Kingu. Essa história era contada e passada de geração em geração na antiguidade judaica.

CAPÍTULO UM

PEDRA 7 — A história termina com uma espécie de louvor a Marduque como chefe da Babilônia e chefe da religião que ali nasce, sobretudo por seu papel na criação de todas as coisas.

O trecho conclusivo é uma espécie de instrução para as pessoas a respeito de como elas deveriam celebrar festas a Marduque. Nesse louvor, surgem os famosos cinquenta nomes de Marduque.

Todos esses detalhes formavam a religião da época da Pedra de Shabaka, do *Enuma Elish*. As religiões que nasceram em Hermópolis, Heliópolis e Mênfis estavam nesse contexto religioso egípcio — não havia outro. Os israelitas, que viveram quatrocentos anos ali, saem do Egito carregando todo esse paganismo e essa idolatria, que, por sua vez, carregam todos os conceitos sem sentido da Babilônia.

Assim, conseguimos perceber o contexto apologético de Gênesis, o qual, acima de tudo, nos leva a um Deus que quer ensinar a seu povo a verdadeira fé, a verdadeira criação, o verdadeiro Deus. Quando olho para Gênesis 1.1-3, que é a porta de entrada para o estudo do Pentateuco, preciso me questionar: *Será que esse início é, como muita gente afirma, um mito, assim como eram chamados de "mitos" todos esses outros relatos encontrados na Babilônia e no Egito? Seria o texto de Moisés mais um mito, agora o mito dos israelitas?*

Todo mundo tem um mito; por que a gente não pode ter também?

Se for mito, teremos problemas sérios com a interpretação de todo o restante do Antigo Testamento. Se Adão e Eva nunca existiram, teremos problema com o Antigo e o Novo Testamentos. Se o Jardim do Éden não existiu geograficamente neste mundo, vamos ter muitos problemas com todo o restante do Antigo Testamento. Se a árvore da vida e a árvore do conhecimento do bem e do mal não existiram fisicamente, vamos ter muitos problemas em relação a tudo que é dito no restante não só do Antigo Testamento, mas até em Apocalipse. Se nós consideramos mitológicos esses trechos, todo o edifício que é construído de Josué a Apocalipse vai começar a se encher de trincas, até que todo o edifício revelado ruirá, já que não há fundamento apto para mantê-lo de pé. Veremos isso mais adiante neste livro.

Vamos tentar entender um dos pontos nevrálgicos na discussão entre fé e ciência: a cosmogonia. Ainda hoje, ela é um debate na humanidade. Não é algo que só os egípcios ficavam discutindo, tentando saber como o mundo surgiu: se veio das entranhas, se veio do cuspe. Até hoje, o homem quer saber de onde veio, o que está fazendo aqui e para onde vai. Esse anseio existencial perturba a humanidade. Tem muita gente que comete suicídio por conta disso. Tem muita gente que não consegue dormir por causa disso; há pessoas que cometem absurdos por esse motivo.

Um dos pontos principais na tensão entre fé e ciência é a criação do Universo. A cosmogonia trata disso. Dependendo da sua cosmogonia, isso influencia tudo que você acredita. Se acreditar, por exemplo, que o mundo veio de uma dessas teorias que hoje aí estão e que contradizem a Palavra de Deus, você terá problemas com a Palavra de Deus.

Você não pode dizer: "Torço pelo Ceará, mas amo o Fortaleza". Eu não posso dizer: "Torço pelo Corinthians, mas gosto do Palmeiras". Também não posso abraçar uma cosmogonia que é apresentada teoricamente sobre a criação do Universo

CAPÍTULO UM

secularmente em nosso tempo e ao mesmo tempo abraçar Gênesis — uma coisa exclui a outra. Uma coisa expulsa a outra. Se você não conhece nem uma nem a outra, aí sim é capaz de dizer: "Eu creio nisso e naquilo." Quem olhar vai achar que você está querendo ficar em cima do muro, porque quer agradar a todo mundo, mas na verdade você não sabe de absolutamente nada.

De um lado, temos aqueles que creem ser o Universo todo obra de um Deus criador supremo, o qual é a fonte de toda sabedoria e de toda vida. Por outro lado, temos a hipótese de que o cosmos e tudo o que nele existe são obra do acaso. Explosões, matéria batendo em matéria, partícula grudando em partícula, dando origem às massas planetárias, às estrelas, às amebas, à lagartixa, por exemplo, bem como a você, a seu rim, a seu pulmão... Sabe de onde veio tudo isso? De uma explosão!

As pessoas que abraçam essa hipótese/teoria se afastam daquilo que está em Deus.

No final do século 19, a cosmogonia evolucionista que nasceu com Charles Darwin (aspirante a pastor, inclusive, e autor de *A origem das espécies*) passou a influenciar, além dos estudos dogmáticos e científicos das universidades, a própria hermenêutica bíblica, ou seja, a interpretação de Gênesis 1 e 2. Muita gente, no final do século 19, tomou a ideia da evolução e a trouxe para a Bíblia. Até hoje, não se provou essa teoria da evolução. Ainda hoje é uma teoria.

Você pode inventar a teoria que quiser; o difícil é convencer os outros a respeito dela, porque ninguém a provou ainda. No dia em que a provarem, ela se tornará lei; deixará de ser teoria. Mas ainda não é lei; é teoria da evolução... é teoria do *big-bang*. Para abraçar quaisquer dessas teorias, é preciso crer nelas, assim como eu creio que Gênesis é a verdade. Há outros que também creem. É matéria de fé de um lado e de outro. O problema é que a teoria evolucionista recentemente passou a influenciar a igreja, a teologia e a própria interpretação de Gênesis — consequentemente, de todo o Pentateuco.

A partir de meados do século 18, o Antigo Testamento passou a ser interpretado de uma maneira um pouco diferente. O método histórico-crítico passou a se destacar no meio cristão, com sua interpretação liberal do texto bíblico. Um erudito britânico chamado Robert Lowth publicou em 1753 seu livro *De sacra poesi hebraeorum*, fazendo distinção entre poesia derivada da natureza e poesia como arte consciente.

Um pouco mais à frente, essa distinção serviu para que C. G. Heyne desenvolvesse uma abordagem mítica sobre o que Lowth considerava poesia. Após Heyne, um discípulo dele aplicou suas teorias aos capítulos iniciais de Gênesis. Este foi J. G. Eichhorn. Ele escreveu ainda no século 18 (1779) um artigo defendendo uma visão mítica do capítulo de abertura de Gênesis. Nesse mesmo período, escreveu uma introdução ao Antigo Testamento, sendo um dos primeiros a fazer isso na história da igreja. E sua abordagem foi mítica também.

A partir desse período, a disputa em torno de Gênesis 1.1—2.3 tornou-se cada vez mais intensa, estabelecendo-se de modo bastante distinto as duas escolas representativas desse período, a escola mítica e a escola conservadora, uma adotando o método histórico-crítico de interpretação das Escrituras, e a outra adotando o método histórico-gramatical.

A escola conservadora entendia que a cosmogonia de Gênesis deve ser lida e interpretada literalmente, porque é uma

CAPÍTULO UM

narrativa de caráter histórico, um fato que aconteceu — não um mito, um conto de Branca de Neve, Malévola, Cinderela etc. Não é história bonita para contar uma coisa boa e deixar uma lição moral para quem lê. É algo que aconteceu. São pessoas reais que viveram em lugares que existiram e que se relacionaram com seres que existiram.

No livro *Introdução ao Antigo Testamento*, Edward Young, que na primeira metade do século 20 foi professor no Seminário de Westminster, nos Estados Unidos, escreveu o seguinte: "Não devemos considerar este capítulo como reedição da escola sacerdotal de um mito comum à tradição antiga. Pelo contrário, o capítulo apresenta uma história séria. Ainda que o livro de Gênesis não se proponha a servir de compêndio de ciência, quando toca em questões científicas mostra-se exato. A ciência jamais descobriu quaisquer fatos que estejam em conflito com as declarações de Gênesis 1".[13]

Esse é o ponto de vista conservador. Ele mostra que tudo o que está no livro de Gênesis é fato. Contudo, o propósito de Gênesis não é ser um livro científico. Se você tentar fazer ciência com Gênesis, está tentando fazer isso com o livro errado, porque o Espírito Santo, quando inspirou Moisés, não queria ensinar ciência aos israelitas, que nem ler, provavelmente, sabiam. Eles haviam sido escravos a vida inteira, e agora Deus queria ensinar astrofísica, teoria disso e daquilo? Não. Deus quis ensinar a eles algo que destruiria a falsa religião, que estava na mente e no coração; o descaminho que estava no coração deles.

Então, sobre aquilo que Gênesis explica e que tem conotação científica, tudo tem se mostrado exato e perfeito, porque é Palavra de Deus. Contudo, isso não faz de Gênesis um livro de ciências, um livro para provar que Deus é o Criador. Deus nem quer provar nada a ninguém. O que agrada a Deus é que as pessoas se aproximem dele crendo que ele existe. Ele só se torna galardoador daqueles que se aproximam em fé (Hb 11.6). Sem fé, é impossível agradar a Deus.

Se você quer evangelizar alguém provando cientificamente que Deus existe, provando matematicamente que Deus existe, esse alguém não vai crer — e não vai agradar a Deus. Deus não se agrada desse tipo de abordagem.

Peter Ellis escreveu que "o autor inspirado quer ensinar religião, não ciência. Ele está interessado no *quê* e no *porquê* das coisas; o *como* não lhe interessa. Se perguntamos quais verdades científicas ele ensina, a resposta é simples: ele nada tem a dizer — primeiro, porque não conhece explicações científicas para a criação de Deus, e Deus nada lhe revelou sobre o *como* da criação; segundo, porque seus propósitos na verdade são religiosos, não científicos".[14]

Enfim, concluímos mais uma vez ressaltando o valor da pergunta: Gênesis 1.1—2.3 é mito ou história? Esse debate que tem se acirrado entre liberais e conservadores mantém a questão aberta. Como devemos compreender a cosmogonia apresentada em Gênesis e que dá base a todo o estudo do Pentateuco e a toda a compreensão da Bíblia? É fundamental entender o que está por trás da discussão de Gênesis. Esse livro não veio do nada; veio com o propósito de quebrar, ensinar, estabelecer e fundamentar algumas coisas. Se é história, que tipo de história é? Seria "historiosofia", como alguns liberais dizem? Uma história bonita para os amantes de uma história legal? Ou seria historiografia, ou seja, o registro histórico de algo que verdadeiramente aconteceu?

CAPÍTULO UM

O que vou apresentar nos capítulos seguintes é baseado numa visão conservadora, que é a minha; a visão de alguém que, como já disse, crê que a Bíblia é inspirada por Deus e que Gênesis foi revelação dada pelo Pai. Tudo que está ali é fato, não mito.

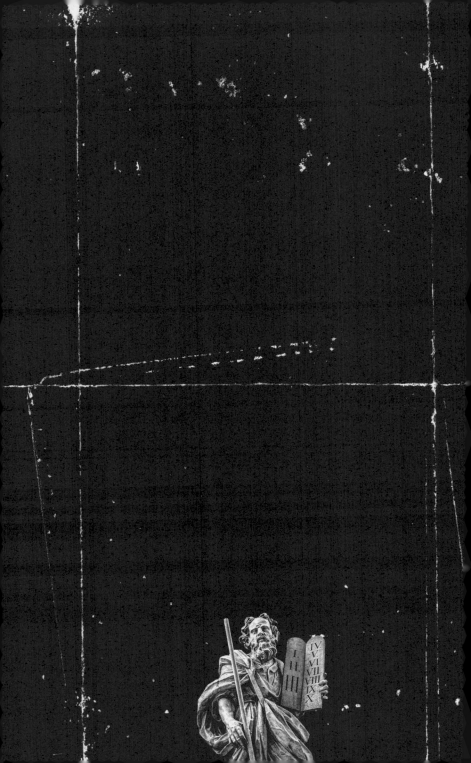

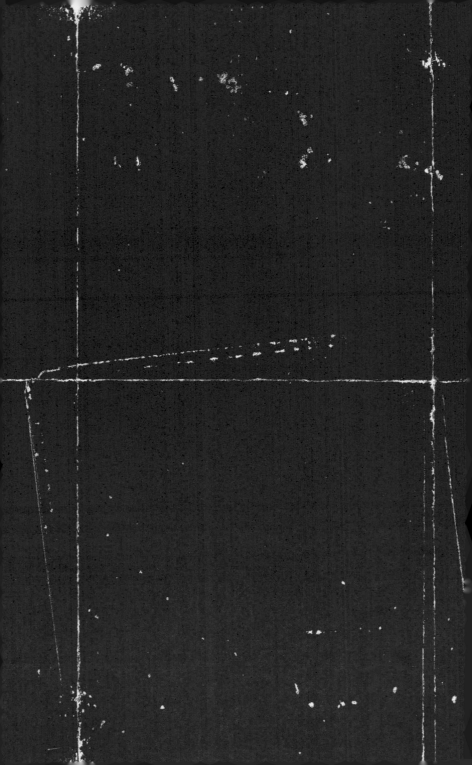

O CONTEXTO APOLOGÉTICO POR TRÁS DO PENTATEUCO

ATÉ AGORA, FALAMOS BREVEMENTE do contexto religioso babilônico e egípcio, abordando o período em que viveu o povo israelita do Antigo Testamento, especialmente pós-Egito, e também no Egito, quando recebeu o Pentateuco.

Argumentei a respeito da ideia de Gênesis 1—3 ser mito ou história.

Seria apenas uma poesia? Seria apenas algo bonito que é ensinado com o objetivo de contar outra verdade? Adão e Eva, a árvore da vida, a árvore do conhecimento do bem e do mal e as demais coisas jamais existiram e são apenas ilustrações para nos ensinar uma verdade superior? Essa é a ideia por trás do pressuposto liberal, que, em termos mais simples, entende que o texto não é de Moisés e que, alguns ousam dizer, nem mesmo é inspirado. Pensam eles que, possivelmente, o texto foi fabricado por várias comunidades ao longo da história do Antigo Testamento; cada um desses grupos tinha o objetivo de "puxar a sardinha para o seu lado", a fim de favorecer ou louvar seu próprio partido.

Por outro lado, existem pessoas que dizem que essas são histórias verídicas, que tudo o que está ali de fato existiu, e que há um objetivo por trás do autor primário — não do autor secundário, que foi Moisés, mas do autor primário, que foi e é Deus: ensinar alguma coisa às pessoas que saíram do Egito, com a cabeça cheia de ideias pagãs e cosmogonias bizarras.

Essa é a razão pela qual, logo na porta de entrada de Gênesis, vemos Deus apresentando tantas coisas interessantes com relação à história daquele povo.

História ou mito?

Há algumas porções de Gênesis que são muito importantes de compreender. Gênesis 2.4 começa como uma repetição de Gênesis 1.1. Em Gênesis 1.1, lemos: "No princípio, criou Deus os céus e a terra." Em Gênesis 2.4, temos palavras semelhantes: "Esta é a gênese dos céus e da terra quando foram criados, quando o Senhor Deus os criou." Algumas versões dizem: "Quando o Senhor a criou"; outras, "Na ocasião em que o Senhor as criou". Originariamente, a palavra que ali consta é "dia", a mesma presente no capítulo 1, quando diz que no primeiro dia Deus fez isso, no segundo dia fez aquilo e no terceiro dia fez aquilo outro. Gênesis 2.4 diz que num único dia Deus fez tudo, mostrando, assim, uma aparente contradição com Gênesis 1.

Aqui começam alguns conflitos entre essas duas escolas de interpretação (e mesmo dentro da escola de interpretação conservadora): Deus fez tudo em seis dias, como está no capítulo 1, ou fez tudo em um dia, como está no capítulo 2?

Se você não entende o propósito do texto, entra numa possível contradição, sobretudo se visita Gênesis com a intenção de encontrar ciência.

O "como" é empírico, é experimental, você está explicando algo. As pessoas pensam que a intenção de Deus era mostrar passo a passo como ele fez. Mas a grande pergunta é: Será que Deus queria mesmo ensinar isso aos judeus? Será que queria ensinar passo a passo como ele criou tudo? Ou será que por trás desse ensinamento há algo mais importante que ele quer destruir para depois construir? Será que o "como" é mais importante do que o "quê"? Será que o assunto principal (no meu ponto de vista, a apresentação da verdade de um único Deus criador dos céus e da terra) é menor do que a explicação de como aconteceu a criação?

É interessante que, na cultura judaica, os judeus nunca se preocuparam com o "como" das coisas. Os romanos, sim, preocuparam-se muito e contaram com livros e pessoas dedicados a registrar "como" se faz as coisas e como as coisas aconteceram. Mas os judeus nunca se preocuparam tanto com isso, nem mesmo os gregos.

No Império Grego, também não havia essa preocupação; eles se dedicavam mais a saber sobre a fonte das coisas e de uma maneira bastante filosófica. Os romanos, por outro lado, não eram muito filosofais; eram práticos. É por isso que você caminha pela Europa hoje e não vê quase nenhuma estrada grega; contudo, vê estradas romanas intactas — os romanos eram preocupados com a praticidade e a duração das coisas. Já os hebreus estavam mais preocupados com as intenções, com o espírito por trás das coisas, com as motivações, exatamente por causa da influência de Deus na existência desse povo. Foi Deus quem os instituiu quando escolheu um homem e dele fez uma grande nação. Logo, esse povo é povo de Deus, é geração de Deus, e já nasce com esta ideia na mente e no coração: entender o que Deus quer ensinar com cada coisa. Os hebreus não queriam saber da parte prática.

É por isso também que vemos, nos lugares que foram habitados por judeus e gregos, muita ruína. Já entre os romanos, que eram muitos práticos, encontramos construções que ainda estão em pé, como estavam nessa época.

Dado esse contexto, podemos dizer que, quando um judeu lia passagens como as encontradas em Gênesis, ele não estava preocupado em sentar-se numa sala de aula e cientificamente compreender passo a passo como Deus criou a Lua. Ele não queria entender passo a passo o método divino da criação de répteis; o porquê de no quinto dia Deus criar os grandes animais marinhos e a aves; a razão de no sexto dia ter feito o homem, quando, aparentemente, no capítulo 2, vemos que ele cria o homem no momento em que não havia vegetais na terra.

Parece confuso. No meio do capítulo 2, Deus diz que não havia vegetal nenhum; a terra era uma massa só; não havia plantas nem vegetações, porque Deus ainda não havia feito chover na terra — isso está no começo do capítulo 2, depois do versículo 5. Subia do chão uma neblina que regava a terra. Ele diz que formou o homem dessa terra regada por essa neblina. Vemos que, no capítulo 2, algumas coisas não são repetidas — por exemplo, vegetações, plantas, árvores frutíferas (todas criadas no terceiro dia) —, mas, como uma espécie de recurso didático, ele descreve a criação do homem, o que é muito comum na literatura hebraica. Esse recurso é o paralelismo.

Assim, Deus repete algo de que já falou, a fim de enfatizar algumas coisas importantes que deveriam ficar gravadas na mente do povo. Uma dessas coisas era a ideia de um único Deus que, com as próprias mãos, criou o ser humano; as demais coisas, em vez de serem divinas, como os egípcios e outros povos criam (o mar é divino, as águas são divinas, a terra [Geb] é divina, a atmosfera é divina, as chuvas são divinas (da saliva de Tiamat]), eram apenas obra das mãos de Deus. Em Gênesis, Deus diz: *Não é divino! Fui eu que fiz! O Sol não é um deus; fui eu quem o fez. A Lua, fui eu quem a criou. O mar, que vocês adoram e dizem que de lá saíram todos os deuses, foi criado por mim. Eu sou anterior a tudo, sou maior e sou a fonte criadora, a maior e única fonte divina.*

Parece que Deus está querendo quebrar tudo o que, religiosamente, era mantido na mente e no coração do povo — tudo que o povo havia aprendido por mais de quatrocentos anos. Deus estava quebrando isso, e a casca estava grossa na mente dos israelitas. Quando a casca é grossa, é difícil de quebrar.

No Brasil, passamos por isso. Mesmo dentro de igrejas cristãs, com tradição evangélica, existe a dificuldade de pessoas que vieram de outras tradições cristãs: elas são tão acostumadas com o que aprenderam que trazem boa parte disso para dentro da igreja. É uma espécie de zelo e dúvida com relação à veracidade do que aprenderam em outras religiões. Pouco a pouco, isso vai sendo quebrado.

Quando a pessoa é católica e se torna evangélica, por exemplo, leva um tempo até ela entender o que não é bíblico. Sou professor de pastores e seminaristas, e é impressionante como muitos deles têm dentro de si uma mentalidade totalmente pagã, em razão de algo que aprenderam e que está na cultura religiosa brasileira. A coisa está tão impregnada que eles já tomam aquilo como certo. Suicídio é um exemplo. Em geral, diz-se que a pessoa que comete suicídio vai para o inferno. Isso está na Bíblia? É bíblico? A maioria das pessoas acredita nessa teoria, porque é uma doutrina que nasce dentro de uma igreja, é ensinada ao povo, é absorvida por esse povo e, agora, faz parte daquilo que o povo é. O povo se converte, mas essa "verdade" continua a acompanhá-lo! Não é questionada! Logo, há uma casca que precisa ser quebrada. A pessoa que se converte deve ter a Bíblia como única regra de fé e prática. Se algo não é bíblico, não posso levá-lo adiante.

Não estou dizendo que você pode sair daqui, se matar e ainda ir para o céu. Estou apenas dando um exemplo dentre tantos outros nos quais encontramos esse tipo de raciocínio no nosso tempo. São ideias que estão em nós — ideias sobre salvação, por exemplo; sobre comida e bebida; sobre música; sobre liturgia; sobre construção eclesiástica e religiosa. Há outras tantas ideias que trazemos de alguma religião pela qual passamos ou por causa da criação que tivemos na casa dos nossos pais e avós. Temos isso como certo sem nunca nos questionarmos, com base na Palavra, se de fato procede.

Não afirmo que seja algo ruim. É até bom, mas não é bíblico. Às vezes, são coisas pelas quais brigamos. A menos que a Palavra e o poder de Deus quebrem essa casca que um dia foi colocada sobre nós, permaneceremos crendo nisso ou naquilo sem nem mesmo nos convencer de que tais coisas não são ensinadas na Palavra de Deus.

Há muitas outras coisas que não nascem de um contexto bíblico, muito menos de um contexto evangélico (reformado também), mas que estão por aí. Quer um exemplo? A doutrina do livre-arbítrio. De onde ela veio? Como surgiu? Não da Bíblia. Nos 66 livros bíblicos, de Gênesis a Apocalipse, não há nada sobre isso. No entanto, há algumas frases que parecem indicar esse caminho.

O catolicismo romano atual deixou de crer nessa doutrina como cria durante o período medieval. Naquela época, na Idade

CAPÍTULO DOIS

Média, essa ideia cresceu consideravelmente em razão de intenções financeiras: o objetivo era sustentar as grandes construções que dependiam de deliberações do próprio ser humano.

Apesar desse descolamento em relação a tal doutrina, a ideia está cristalizada: se você questiona alguém sobre isso, a resposta é: "Todo mundo tem o livre-arbítrio." Esse é um "conhecimento" que está na pessoa; contudo, ela nunca se questionou a respeito de essa ideia ser ou não bíblica; não buscou saber se a Palavra de Deus nos ensina tal tipo de liberdade humana, tal tipo de autonomia, de soberania do homem, sobretudo no que tange à sua eternidade. Será que está no poder do homem decidir sua própria eternidade? Será que receber as bênçãos do poder de Deus e tudo aquilo que vem do Senhor está no poder do homem?

Impressionantemente, a Bíblia diz que não. Tudo isso é graça do Senhor. A salvação pertence ao Senhor, que nos viu quando estávamos mortos. É seu Espírito que nos convence do pecado, da justiça e do juízo. Se o Pai não nos levar ao Filho, jamais iremos a ele. Há muitas outras verdades bíblicas que nos ensinam a nossa condição de mortos, perdidos, pobres, cegos, nus. Nossa vida e nossas melhores obras não passam de trapo de imundície.

Contudo, todas essas verdades foram deixadas de lado em um momento da história, e nesse momento o homem foi colocado no centro. As decisões que ele tomasse poderiam mudar sua vida, inclusive as decisões financeiras: você pode ser alguém muito abençoado e próspero se tão somente ofertar na casa de São Pedro. E mais, diziam eles: se você tiver muita fé, ao comprar essa indulgência (espécie de pagamento de dízimo da época), poderá ter perdoados não apenas os seus pecados, mas livrar parentes que já morreram e estão no purgatório. O que você está esperando? Por que guarda esse dinheiro para gastar com tanta besteira, quando pode investi-lo na obra do Senhor, na salvação de vidas que estão no purgatório gemendo e sofrendo? Traga-o aqui e agora. Deposite o dinheiro no cofre da igreja, e então a sua vida e a dos seus parentes serão abençoadas! Porque disse o Senhor: "Se prostrado me adorares, tudo te darei!" Foi o Senhor quem disse isso? Não! Foi o diabo!

Curiosamente, um tempo atrás alguém colocou isso na internet, e um monte de crentes disse: "Amém"! "Eu recebo!" Lá no final, alguém disse: "Gente, não foi Deus. Foi o diabo que disse isso!"

Vivemos um tempo no qual não se pensa mais. Quaisquer expressões pseudo espirituais já são tomadas como de fato espirituais e são consideradas "de Deus". Não se pode julgar tais pessoas, porque seria uma "blasfêmia contra o Espírito Santo" questionar a atitude arrogante de alguns autoproclamados cristãos. Cria-se uma casca muito grossa de paganismo no coração daquele que é do povo de Deus.

Hoje em dia, vivemos essa realidade: temos nas igrejas católicas e evangélicas práticas do espiritismo africano, antiquíssimas (pôr fé em sabonete, planta, toalha, suor...). Tem gente que acredita em tudo isso, e essas coisas criam uma crosta nas pessoas.

Daqui a duzentos anos, os filhos desta geração continuarão a acreditar que, para ser abençoados, precisam levar uma toalha para ser ungida na igreja do pastor fulano — e eles não vão se perguntar por que precisam da toalha, pois é isso que a crosta faz com as pessoas. A camada se forma com o passar do tempo, a menos que alguém pare para pensar e diga: "Isso é bíblico? O que Deus nos diz? O que a Palavra nos ensina?" Não importa o que aprendi na infância com meu pai e minha mãe. Não importa o que aprendi na igreja que frequentei. O que importa é a revelação de Deus, é a palavra do Senhor. Eu preciso me alimentar dela.

É nesse contexto que a Palavra do Senhor é registrada no início do Pentateuco. É nesse contexto que Deus vem para quebrar uma crosta de paganismo e ensinamentos estranhos à Palavra de Deus, mas que estavam no coração das pessoas. Quando se perguntava às pessoas: "Vocês acreditam no Deus de Abraão, de Isaque e de Jacó?", elas diziam: "Amém! Com certeza nós acreditamos nele!" Mas, com essa crença, eles ainda mantinham no coração uma série de outras que criam serem verdadeiras (assim como eu expus anteriormente sobre algumas coisas não bíblicas que, provavelmente, muitas pessoas têm certeza de que são bíblicas).

O texto do Pentateuco carrega a ideia de começar uma história de salvação, uma história de redenção do povo de Israel. O Pentateuco, de um modo muito especial, trata disso.

Em Gênesis, quando vemos a ideia da eleição, da escolha de um povo, vemos Deus indo em direção a esse povo. Não era Abraão que ia; era Deus. Aliás, na Bíblia inteira é assim: Deus é quem vai. Deus foi à terra de Ur dos caldeus e lá chamou Abraão. Abraão, curiosamente, levanta-se e vai, assim como tantos outros fizeram. Mateus (cujo nome era Levi) é um exemplo do Novo Testamento. Quando Jesus passa pela cidade, diz: "Levi, venha e siga-me." Levi, que era publicano, largou tudo e seguiu o Mestre.

Isso não é mágica! É uma graça que não pode sofrer resistência, não pode ser negada. É um convencimento que toca o coração do homem, como fruto de um poder que vem de Deus. A Palavra tem, sim, o seu poder. Quando Deus chama os indivíduos, elas imediatamente têm seus olhos abertos; seu espírito e sua alma são convencidos de que estavam mortos, mas agora estão diante da vida; estavam perdidos, mas agora encontraram o Pastor que os guia e que os tirará dessa perdição; estavam condenados por causa do pecado, mas agora encontraram alguém que os absolverá, um justo juiz que se tornará réu no lugar de seu povo, tomando toda a culpa sobre ele.

Todas essas coisas não são resultado de muitas palavras, mas do toque do Espírito Santo, do convencimento, algo que o próprio Cristo disse e que está no Evangelho de João: quando o Espírito Santo viesse, ele exerceria o ministério de convencer. Não é o homem que convence a si mesmo. O homem questiona. O homem lança olhares duvidosos. O homem inventa argumentações. O homem classifica Deus como injusto. Do homem não vem nada que preste. Do homem não vem nada senão questionamentos e dúvidas. Mas do Espírito vem uma certeza que curva o homem e faz que ele olhe para Deus e diga: "Eu te vejo e não te mereço."

É como Isaías fez quando viu o Senhor, no capítulo 6 da sua profecia:

> No ano da morte do rei Uzias, eu vi o Senhor assentado sobre um alto e sublime trono, e as abas de suas vestes enchiam o templo. Serafins estavam por cima dele; cada um tinha seis asas: com duas cobria o rosto, com duas cobria os seus pés e com duas voava. E clamavam uns para os outros, dizendo: Santo, santo, santo é o Senhor dos Exércitos; toda a terra está

CAPÍTULO DOIS

cheia da sua glória. As bases do limiar se moveram à voz do que clamava, e a casa se encheu de fumaça.
Então, disse eu: ai de mim! Estou perdido! Porque sou homem de lábios impuros, habito no meio de um povo de impuros lábios, e os meus olhos viram o Rei, o SENHOR dos Exércitos! Então, um dos serafins voou para mim, trazendo na mão uma brasa viva, que tirara do altar com uma tenaz; com a brasa tocou a minha boca e disse: Eis que ela tocou os teus lábios; a tua iniquidade foi tirada, e perdoado, o teu pecado.
Depois disto, ouvi a voz do Senhor, que dizia: A quem enviarei, e quem há de ir por nós? Disse eu: eis-me aqui, envia-me a mim. Então, disse ele: Vai e dize a este povo: Ouvi, ouvi e não entendais; vede, vede, mas não percebais. Torna insensível o coração deste povo, endurece-lhe os ouvidos e fecha-lhe os olhos, para que não venha ele a ver com os olhos, a ouvir com os ouvidos e a entender com o coração, e se converta, e seja salvo. **ISAÍAS 6.1-10**

Isaías responde depois que ouve a voz de Deus. Não sabemos o que Deus falou, mas Deus falou alguma coisa, e imediatamente isso gerou uma resposta no coração de Isaías. A resposta de Isaías foi: "Eu sou um homem impuro." Ele reconheceu que era impuro de lábios e de alma e que vivia no meio de um povo de lábios impuros. E ele viu o Senhor. Ele sabia que não era digno disso. Em outro momento, vemos a resposta do Senhor por meio de um anjo que vem, toca nos lábios de Isaías e os purifica — uma espécie de fogo purificador que regenera e transforma. A partir de Isaías 6.8, vemos os propósitos desse chamado. Deus diz: "Você vai falar isso e aquilo, mas eles não vão ouvir. Você vai pregar, mas eu vou endurecê-los. Eles vão ouvir você falar, mas não vão entender nada. Mas, mesmo assim, você deve pregar."

A palavra, quando pregada, tem dois objetivos: ela é espada de dois gumes — mata por um lado, mas salva por outro; condena por um lado, mas absolve por outro. Aqueles que se arrependem e creem por meio da graça de Deus tornam-se pessoas curadas pelo poder da Palavra. Aqueles que permanecem mortos e endurecidos por causa dos pecados que os envolvem, preenchendo-os desde o seu nascimento, não podem culpar Deus. Isso não é culpa de Deus. Essas pessoas se tornam duplamente culpadas, porque agora a palavra foi lançada sobre elas.

É nesse sentido que a Bíblia diz que a palavra de Deus nunca volta vazia. Ela nunca se perde. Ainda que ninguém se converta, ela foi eficaz no seu propósito. Nenhum dos que a ouviram poderá dizer, no dia do juízo, que em breve chegará, que jamais ouviu a voz de Deus, a palavra dele.

A palavra vem. E, quando ela vem, vem com esse propósito.

Toda a estrutura narrativa de Gênesis 1.1 ao versículo 26 do capítulo 4 é arquitetada com essa palavrinha: אֵלֶּה תּוֹלְדוֹת (*elleh toledot*) — "essas gerações", ou "essas são as gerações", "essas são as famílias". Nesse texto, temos a descrição da Criação, da Queda e das consequências ligadas às duas linhagens distintas em relação a Deus, a de Caim e a de Abel, esta perpetuada por Sete, que substitui Abel, que foi assassinado. Curiosamente, Sete também teme a Deus e tem filhos que também são tementes a ele.

Como um todo, esse bloco literário que vai de Gênesis 1.1 a Gênesis 4.26 procura mostrar que foi Deus que criou o mundo.

CAPÍTULO DOIS

Quer mostrar qual é o Deus que criou todas as coisas. Essa porção é importantíssima para que compreendamos o restante do Pentateuco e do Antigo Testamento.

Em Gênesis 1.1-25, temos obviamente manifesto o relato da Criação. Nos versículos 26-30, o ser humano é apresentado como a coroa dessa criação. Deus estabelece com ele uma aliança de vida e de morte: se tocasse na árvore do conhecimento do bem e do mal ou comesse dela, certamente morreria.

O que nós vemos na sequência é o ser humano não sendo capaz de cumprir seu papel nessa aliança.

Entramos, assim, no capítulo 3, versículos 1-7. Com a desobediência, o ser humano trouxe sobre si as maldições da quebra da aliança, introduzindo a morte no mundo. Antes do final do capítulo 3, temos uma descrição desta, a de completa separação — ou seja, morte relacional — entre Deus e o homem. Essa é a morte mais importante, e Deus falou sobre ela a Adão, no final de Gênesis 1: é a morte espiritual, a separação entre nós e Deus.

Na sequência, vemos como, no capítulo 4, acontece a expulsão do ser humano da presença de Deus. Dois povos distintos surgem: um procedente de Caim e outro procedente de Sete; por meio deles, temos os que são chamados de "filhos de Deus" e de "filhos dos homens". Há um pouco de confusão hoje em dia sobre isso. Alguns consideram que os "filhos de Deus" são os anjos e que os "filhos dos homens" são pessoas comuns. Ou que os filhos dos homens são na verdade filhos do demônio (um anjo caído) no formato de divindades menores. No entanto, isso tudo é interpretação atual e moderna de pessoas que não buscam investigar o contexto hebraico antigo, a fim de entender o que era um "filho de Deus" e um "filho do homem", especialmente dentro do contexto literário de Gênesis. "Filhos de Deus", em Gênesis, eram os descendentes de Sete; "filhos dos homens" eram os descendentes de Caim. Algo que se deve evitar no estudo e exposição de um livro bíblico é aplicar significados de termos de outros livros a determinado livro. Por exemplo, eu não posso tomar a forma em que "filhos de Deus" é interpretado em Jó e aplicá-lo a Gênesis. Isso é tirar o significado de um texto de seu contexto com o pretexto de dar significado a algo. Isso é malabarismo expositivo. Precisamos tomar cuidado!

Essa descrição da Criação, da Queda e da redenção é essencial para compreendermos a fé judaico-cristã e a estrutura "Criação-Queda". Deus, no final do capítulo 3, promete resgatar a humanidade por meio do "filho da mulher". A promessa era: quando ele nascesse, esmagaria a cabeça da serpente, enquanto a serpente lhe picaria o calcanhar. Os apóstolos do Novo Testamento, inspirados pelo Espírito, descrevem que Jesus Cristo foi aquele que pisou na serpente e esmagou a cabeça dela (1Jo 3.8; Cl 2.14-15; Rm 16.20). Eles ainda dizem que nós, como igreja, pisamos também a serpente, e que ela está debaixo dos nossos pés. O diabo já está de certo modo limitado e preso em suas atribuições e funções, por causa daquilo que Cristo fez, amarrando-o, como ele mesmo descreveu aos fariseus (amarrar o valente e saquear a casa — Mateus 12.29). O poder do diabo está limitado. É por isso que João, quando escreve sua primeira epístola, diz no capítulo 5 que o Maligno não pode tocar em você, porque ele está debaixo de completa e absoluta sujeição ao povo de Deus.

Temos em Gênesis uma espécie de escolha. Em Êxodo, uma espécie de libertação. Em Levítico, uma espécie de santificação. Em Números, uma espécie de instrução para aqueles que foram santificados. Em Deuteronômio, uma exortação para permanecer na obediência.

CAPÍTULO DOIS

Tudo isso é exatamente o que Deus faz com você e comigo. Deus nos chama, como fez com Abraão. Ele nos escolhe; nós o vemos. Quando estamos com Deus, ele nos liberta (Êxodo — libertação). Uma vez libertos, ele nos santifica (Levítico — para adorá-lo, precisamos ser santificados). Santificados e prestando culto a Deus, somos instruídos (Números). Sendo instruídos, somos, depois de um tempo, incentivados a permanecer e a perseverar na obediência (Deuteronômio). Assim, o Pentateuco é uma espécie de "resumo" da história da nossa vida. É por isso que, quando Jesus e os profetas apontavam para Moisés, eles sabiam que o Pentateuco era o resumo de tudo aquilo que Deus queria que soubéssemos sobre a criação perfeita do homem; a santidade de Deus; a Queda, a qual nos separou dessa santidade e nos afundou num mar de pecado, lama, morte e destruição; e a Redenção, que agora quer nos tirar da morte e da destruição e nos colocar diante de Deus com vida, graça, pureza e libertação. O Antigo Testamento, as tradições judaicas e vários livros apócrifos trazem essa noção (chamada de histórica/querigmática [querigma é pregação]) da história de Gênesis. Assim, vê-se em Gênesis um livro com o propósito de pregar por meio da história, ensinando alguma coisa ao povo.

Vamos conferir algumas passagens para que compreendamos melhor a Criação, a Queda e a redenção como temas fundamentais. Imagine um tripé — aquele sobre o qual você coloca uma câmera. Se ele tivesse um pé só, não teria equilíbrio e cairia. Se tivesse dois, também não. Mas sobre três bases ele se edifica e mantém em segurança o que se apoia nele. Pense na Criação, na Queda e na redenção como um tripé sobre o qual a mensagem de chamado para a salvação será anunciada para todo um povo.

Permita-me refletir sobre alguns textos bíblicos com você, textos que abordam a historicidade de Adão e Eva. Em 1Crônicas 1.1-4, podemos ver como o povo entendia a parte "histórica" dentro do contexto histórico/querigmático.

1. Adão, Sete, Enos,
2. Cainã, Maalalel, Jarede,
3. Enoque, Metusalém, Lameque,
4. Noé, Sem, Cam e Jafé.

O texto não se refere apenas a uma pregação, uma parábola. Adão e Eva não são apenas uma parábola; são um querigma, uma proclamação; Adão e Eva são um fato ocorrido e, como fato, são inseridos no querigma, com o objetivo de redenção.

Nesse texto, vemos também a genealogia de Sete, dos "filhos de Deus", ligando Noé a Adão. Também liga Enoque, outro personagem crido como histórico, a Adão. Se Adão foi um mito, Noé também foi. Se Noé foi um mito, Sem também foi um mito. E, se Sem foi um mito, Abraão também foi, pois ele é descendente de Sem. Se Abraão foi um mito, Jacó também foi (porque era um dos netos de Abraão). Se Jacó foi um mito, Moisés também foi (depois de quatrocentos e tantos anos, Moisés foi um descendente de Jacó). Se Moisés foi um mito, Davi também foi. Se Davi foi um mito, quem mais foi um mito?

Percebe onde essa linha do tempo nos leva? Alguns pressupostos dos teólogos liberais querem desacreditar não só a divindade do nosso Senhor Jesus Cristo, mas também a veracidade histórica de sua pessoa. Quando (de forma otimista) eles acreditam que um tal de Jesus existiu, têm certeza de que esse Jesus não foi Deus.

CAPÍTULO DOIS

Tudo isso nasce com a ideia de que Adão nunca existiu.

Em Jó 31.33, encontramos a apresentação de Adão novamente: "Se, como Adão, encobri as minhas transgressões, ocultando o meu delito no meu seio". Quem escreveu essas palavras foi Jó; são uma declaração de Jó. Ele cria na existência de Adão e no fato de que ele foi um personagem histórico ("Se eu tivesse feito como Adão, encoberto minhas transgressões, ocultando meu delito dentro de mim" [cf. v. 33]).

Em Oseias 6.7, o próprio Deus afirma que a transgressão que a nação vinha cometendo estava relacionada à transgressão que o próprio Adão cometeu.

7 Mas eles transgrediram a aliança, como Adão; eles se portaram aleivosamente contra mim.

Como a transgressão de Adão não foi um sonho, uma ilustração, assim também as transgressões da nação de Israel não eram mitológicas, mas um fato histórico.

———

Vemos, no primeiro livro, um livro histórico (1Crônicas). No segundo, um livro sapiencial, poético (Jó). No terceiro, um livro profético (Oseias). Ainda que em estruturas literárias diferentes no Antigo Testamento, temos a mesma visão. Adão existiu de fato. Os judeus criam nisso, e essa não é apenas uma crença dentro da tradição do Antigo Testamento, mas também fora dela: nos livros apócrifos temos esse registro.

O que significa que algo é "apócrifo"? Não é apenas "falso", mas algo que está sobretudo associado ao que não foi inspirado. É um escrito não revelado, não inspirado por Deus. Não é que esse escrito seja falso. Os judeus liam os apócrifos, mas não acreditavam que fossem inspirados por Deus.

Os apócrifos eram livros lidos pelos judeus para se lembrarem de sua história (como 1 e 2Macabeus; há o 3 e o 4, mas estes são pseudepigráficos; os dois primeiros não). Na época de Jesus, eles liam esses textos. Liam também alguns dos chamados "Livros de Enoque" — eles não são inspirados, mas contam histórias, como a que Judas relata na sua pequenina epístola, quando descreve uma espécie de batalha pelo corpo de Moisés entre Miguel e Satanás. Onde ele aprendeu isso? Num livro apócrifo, que não foi inspirado, mas que, quando entra na pena de Judas, torna-se inspirado. Pelo menos em Judas, isso é certo e inspirado. Assim acontece em outros textos no Novo Testamento — neles há descrições de livros apócrifos, mas isso não faz deles livros mentirosos, falsos. São relatos históricos (inclusive que não deveriam ter acontecido e aconteceram).

Em Macabeus, por exemplo, algo que aconteceu e não deveria ter acontecido refere-se a uma ocasião em que algumas pessoas morreram e outras se juntaram para orar por aqueles mortos. Os judeus não oram pelos mortos, porque entendem que é uma prática errada, e esse é um dos motivos que nos levam a entender que o livro de Macabeus contém informações erradas; assim, não poderia ser um livro inspirado. Contudo, o livro era lido e carregava uma espécie de boa lembrança da história do povo.

Tobias também era um desses livros apócrifos. Em Tobias 8.1-10, há a descrição de um casamento no qual a historicidade de Adão é apresentada.

CAPÍTULO DOIS

Depois do jantar, introduziram o jovem no aposento de Sara. E Tobias, fiel às indicações do anjo, tirou do seu alforje uma parte do fígado e o pôs sobre brasas acesas. Nesse momento, o anjo Rafael tomou o demônio e prendeu-o no deserto do Alto Egito.

Então Tobias encorajou a jovem com estas palavras: Levanta-te, Sara, e roguemos a Deus, hoje, amanhã e depois de amanhã. Estaremos unidos a Deus durante essas três noites. Depois da terceira noite consumaremos nossa união; porque somos filhos dos santos (patriarcas), e não nos devemos casar como os pagãos que não conhecem a Deus.

Levantaram-se, pois, ambos, e oraram juntos fervorosamente para que lhes fosse conservada a vida. Tobias disse: Senhor Deus de nossos pais, bendigam-vos os céus, a terra, o mar, as fontes e os rios, com todas as criaturas que neles existem. Vós fizestes Adão do limo da terra e destes-lhe Eva por companheira. Ora, vós sabeis, ó Senhor, que não é para satisfazer a minha paixão que recebo a minha prima como esposa, mas unicamente com o desejo de suscitar uma posteridade, pela qual o vosso nome seja eternamente bendito. E Sara acrescentou: Tende piedade de nós, Senhor; tende piedade de nós, e fazei que cheguemos juntos a uma ditosa velhice!

Veja o versículo 8: "Vós fizestes Adão do limo da terra e destes-lhe Eva por companheira". O que encontramos aqui é a crença na historicidade de Adão dentro de uma literatura histórica, que não é inspirada. Mais uma vez, encontramos a certeza de que Adão existiu e foi tomado do limo da terra, e Eva foi tirada dele para que pudesse existir como companheira.

Há o livro de Eclesiástico, que também não está na Bíblia. Em Eclesiástico 33.10 e 49.19, Adão é formado do solo, e Sete e Sem foram glorificados entre os homens: "Entre eles há alguns que Deus elevou e consagrou; a outros pôs no número dos dias comuns. Foi assim que Deus tirou todos os homens do solo e da terra de que foi formado Adão". Eclesiástico 49.19: "Set e Sem foram glorificados entre os homens, porém, acima de qualquer ser vivo da criação, acha-se Adão".

Nesse livro, portanto, também encontramos a crença em um Adão que é histórico, que existiu em algum momento.

Em Lucas 3.23-38, temos uma importante genealogia que nos leva de Jesus até Adão, passando pelos "filhos de Deus", os descendentes de Sete. Qual é o propósito do Espírito Santo ao usar a vida de Lucas para revelar essa genealogia? É nos ensinar que, como o segundo Adão existiu como um homem na história e foi para o madeiro remir a nossa vida, o primeiro também existiu, e por causa dele o pecado e a condenação entraram no mundo.

A evidência do primeiro Adão está no fato da existência do Segundo Adão. Se o Segundo Adão não existiu, então também não creio que o primeiro tenha existido. Mas, se o primeiro existiu e pecou, como o fez, foi necessária a existência de um segundo Adão.

Contudo, se o primeiro Adão não existiu e não pecou, por que o Segundo Adão morreu? Se o primeiro Adão (na prática, não poética e parabolicamente falando) não caiu e não trouxe aos seus descendentes a culpa, a condenação e a morte, então quando isso começou? Por meio de quem tal coisa entrou na raça humana? Essa é a razão pela qual o próprio Deus teve que

CAPÍTULO DOIS

encarnar, se fazer homem e pagar pela culpa dessa humanidade. Se o primeiro Adão não existiu, o segundo é falso. E essa é a razão pela qual, nas duas vezes em que a genealogia de Cristo é mencionada, o último a quem se chega é sempre Adão — porque isso é importantíssimo.

É interessante a passagem do capítulo 4 de Lucas! Logo depois da genealogia de Cristo ser conduzida a Adão, esse texto coloca Jesus em uma situação muito semelhante à do primeiro Adão, em Gênesis. Assim como o primeiro Adão foi tentado por uma serpente, o segundo Adão também foi. O primeiro Adão foi tentado por uma serpente num jardim, quando tudo era perfeito, mas o Segundo Adão não contava com mais nada de perfeito na humanidade; por isso, ele é tentado num deserto, figura que representa perfeitamente o estado da humanidade quando o Senhor Jesus veio.

O que nós encontramos em Lucas 4 é um paralelo com a Queda: o que foi oferecido a Jesus foi oferecido a Adão. O segundo Adão foi tentado. O Senhor Jesus foi, à semelhança do primeiro Adão, tentado para que desse as costas para a Palavra de Deus, ou pelo menos duvidasse dela. Como a serpente colocou em xeque a Palavra de Deus lá atrás, ela também coloca a mesma Palavra em xeque quando está diante do segundo Adão.

A grande diferença é que o primeiro Adão, na verdade, nem viu a serpente; quem viu foi a mulher, travando o primeiro debate teológico da história da humanidade. A serpente chegou até ela e perguntou: "O que Deus disse?" Aí começa o debate. Ela responde teologicamente: "Assim disse Deus." E a serpente replica: "Essa é a sua interpretação. Não foi isso que Deus disse. O que Deus disse foi..." Possivelmente, houve um pouco mais de discussão, ou quem sabe tenha ficado só no que está ali.

A discussão termina com a vitória do teólogo Satanás. Ele vence, porque ele crê em Deus. Ele tem conhecimento do *teos*; logo, ele tem *logia* de *teos*. Aliás, todos são teólogos. Todas as criaturas pensantes são teólogas. Alguns são bons teólogos, mas outros são horrorosos. Todos, porém, têm um ponto de vista sobre quem é Deus.

Quando alguns ensinam o filho sobre Deus, ele pode dizer: "Eu acho estranho que Deus é do jeito que a tia falou. A gente tem que ter medo de Deus? Se eu fizer alguma coisa errada, ele vai pesar a mão na minha cabeça?" Tem até a música: "Cuidado, olhinho, o que vê; cuidado, boquinha, o que fala; cuidado, mãozinha, no que pega; cuidado, pezinho, onde pisa. O Salvador, do céu, está olhando pra você." Então, a mãe ou o pai arremata: "O Papai do Céu está olhando e ele sabe se você mentiu ou não. Se você mentiu, vai para o inferno." A criança começa a tremer, e quem está "ensinando" aproveita o gancho para vencer o debate.

Assim também acontece quando evangelizamos alguém numa penitenciária ou num ponto de pregação. Queremos ensinar às pessoas quem é Deus. Tudo gira em torno de um debate, de uma discussão sobre Deus. Lá no Éden aconteceu justamente isso; foi um debate sobre Deus e o que ele disse.

Quando chegamos ao Segundo Adão, que não está no jardim, mas no deserto, a mesma serpente aparece. Satanás diz: "Se prostrado me adorares, tudo eu te darei" (cf. Mateus 4.8-9): prosperidade absoluta, conquistas, vitória. Jesus rebate: "Não! Só ao Senhor Deus adorarás e só a ele prestarás culto." E Satanás responde: "Você está com fome? Manda essas pedras se transformarem em pão."

É possível que o Diabo tenha usado argumentos como: "Foi você que falou para o Sol existir, e ele existiu." João 1 diz que foi

CAPÍTULO DOIS

ele, o Verbo, que disse e tudo aconteceu. Foi o Senhor (talvez a serpente tenha dito) que disse: "Haja luz", e houve luz. Então, diz o diabo: "Fala para essas pedras: Pão!" E Jesus responde: "Mas também está escrito que nem só de pão viverá o homem."

Foi pela Palavra que as coisas aconteceram e é na Palavra que precisamos permanecer. Também é na Palavra que está escrito o que Satanás citou a respeito de Salmos: "Se você se jogar daqui para baixo, seus anjos vêm para não deixar você ralar seus pés, seus joelhos. Então, se lance. Faça prova desse Deus! Coloque-o contra a parede, para ver se ele é Deus de verdade, porque, se for, vai fazer o que prometeu." Essa foi a palavra do diabo no deserto, e tem pastor que prega isso hoje em dia. Contudo, Jesus disse: "Também está escrito que a gente não pode tentar ou fazer esse tipo de prova com o Senhor Deus."

O Diabo era péssimo em gramática e também em interpretação. Como ele, hoje temos muitos. Quando Deus diz: "Façam prova de mim", não está mandando colocá-lo contra a parede; está mandando degustá-lo, conhecê-lo, como quando você prova uma fruta que nunca viu na vida, mas alguém falou: "Isso é bom." Então, você a prova.

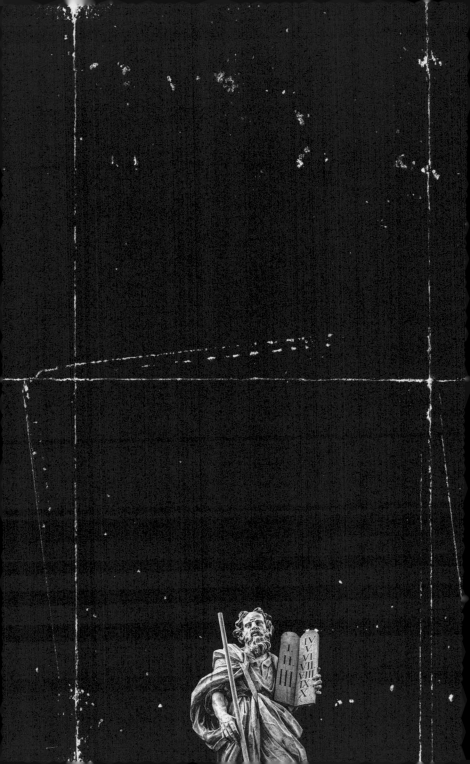

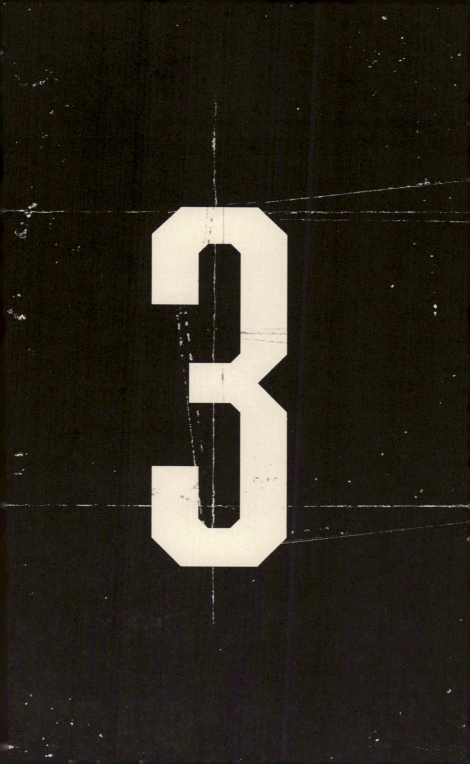

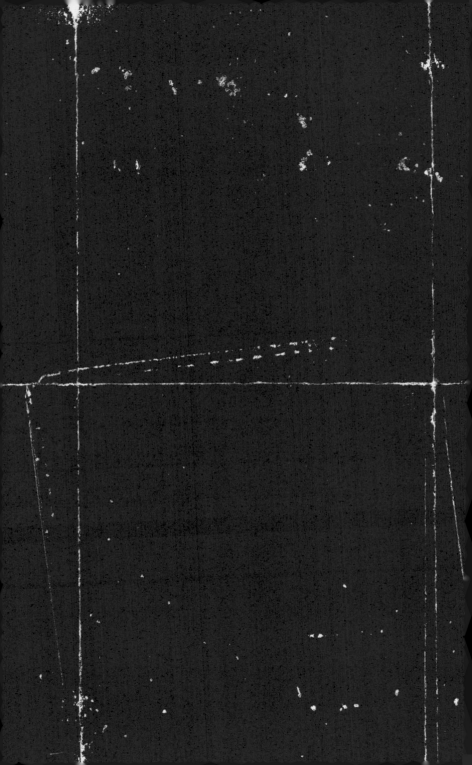

O CONTEXTO AUTORAL POR TRÁS DO PENTATEUCO

NESTE CAPÍTULO, VAMOS TRATAR do contexto autoral do Pentateuco. Já vimos o contexto religioso e outros contextos, mas agora vamos nos deter um pouco na questão autoral.

Quem é o autor do Pentateuco? A escola mais conservadora tem Moisés como autor de todo o Pentateuco, de toda a Torá. Por outro lado, temos a escola mais liberal, que abraça a ideia de que Moisés não é o autor; existem vários autores — e, na verdade, esses autores não são *pessoas*, mas comunidades que, juntas, trabalharam como autores desse conteúdo.

Assim, várias comunidades ao longo da história teriam sido as responsáveis pela composição dos livros do Pentateuco, e cada uma delas escreveu uma porção pensando em algo específico, "puxando a sardinha" para o seu lado, tentando defender ou o reino do Norte ou o reino do Sul, a classe sacerdotal ou outros grupos etc., com diferenças bem visíveis no texto.

Hipótese documentária

A hipótese documentária é uma espécie de teoria das fontes; ela abraça a ideia de que vários documentos distintos foram juntados, formando aquilo que nós conhecemos como livro de Gênesis. Cada documento é chamado de "fonte". As fontes mais conhecidas são: "J", "E", "D" e "P".

"J" vem de *Javé*; é a fonte javista; "E", a fonte eloísta, vem de *Elohim*; na fonte "D", o "D" é de *deuteronomista*; o "P" refere-se à fonte *sacerdotal* (por causa da palavra "sacerdotal" em alemão: *Priesterlich*).

Carlos Osvaldo Cardoso Pinto, autor do livro *Foco e desenvolvimento no Antigo Testamento*, trabalha a questão da hipótese documentária. Ele alerta a respeito da importância de estudarmos a autoria, pois hoje a maioria das pessoas que estão nos seminários pregam justamente o contrário do que Jesus falou. Veja:

> A autoria mosaica de Gênesis (na verdade, de todo o Pentateuco) foi indisputável até a segunda metade do século 18, quando Jean Astruc detectou o que considerou ser duas fontes literárias distintas, rotuladas de J (que representava o Jahvista) e E (que indicava o Elohista) devido à incidência de diferentes palavras hebraicas para referir-se a Deus.
> Uma estratificação crescente produziu um grande número de teorias com respeito à origem do Pentateuco, com o acréscimo de outras duas fontes "claramente definidas" nos 100 anos que se seguiram à proposta de Astruc. Essas outras duas fontes receberem os rótulos de D (que representava o Deuteronomista) e P (que indicava a fonte Sacerdotal [do alemão *priesterlich*]).

CAPÍTULO TRÊS

A ordem particular em que essa hipótese das fontes ou Hipótese Documentária estabeleceria seu domínio sobre a moderna erudição foi iniciada por K. H. Graf em 1866 (Ph, E, J, D, Pl), depois modificada de modo a dar a P sua forma unitária e a J sua prioridade cronológica por A. Kuenen (1869), e depois popularizada por Julius Wellhausen, em 1876, em uma obra que combinava a teoria documentária com uma visão evolucionista da religião de Israel.

Refutações da hipótese documentária vieram não apenas de eruditos conservadores, mas também de estudiosos de persuasão liberal. Um dos mais influentes foi o trabalho de Hermann Gunkel, na área da crítica da forma, no qual deu-se mais ênfase ao desenvolvimento de cada unidade oral até a chegada a sua presente forma escrita, bem como a formas literárias paralelas na literatura do Oriente Médio antigo. A combinação dessas ênfases fez diminuir a distinção entre os supostos documentos J, E, D e P.[1]

Como veremos mais a frente neste livro, Jesus Cristo descreveu Moisés como autor; os profetas descreveram Moisés como autor; os apóstolos descreveram Moisés como autor. Hoje em dia, professores em seminários estão dizendo que Jesus, os profetas e os apóstolos estavam errados, mas esses professores não são loucos de dizer: "Jesus errou." Assim, eles contam isso de uma maneira totalmente rebuscada e cheia de aparente erudição, fazendo que os alunos questionem se o que um dia aprenderam na escola bíblica dominical deve continuar a ser abraçado e crido ou se devem abandonar essas coisas e abraçar a visão nova que o professor está lhes apresentando.

A autoria mosaica de Gênesis e de todo o Pentateuco foi indisputável até metade do século 18, mas foi nesse século que um médico francês chamado Jean Astruc introduziu no debate a ideia de uma possível poesia ou parábola, ou seja, uma interpretação diferente sobre o que diz o texto. Nesse momento, na verdade, ainda não nasce o método histórico-crítico tal como hoje o conhecemos, o qual surge no cenário da interpretação bíblica cerca de 250 anos atrás como uma espécie de filho do iluminismo e do racionalismo. Essa interpretação crítica das Escrituras, essa abordagem hermenêutica, não leva em conta a gramática e até mesmo a inspiração do Espírito Santo, mas analisa a história de uma maneira bastante violenta, crítica e impiedosa.

Jean Astruc, em 1766, detectou o que seriam possivelmente duas fontes literárias distintas, rotuladas por ele de fontes "J" e "E" — a fonte "J" refere-se aos javistas; a fonte "E", aos eloístas, dada a incidência de diferentes palavras hebraicas para referir-se a Deus: *Javé, Iavé, Jeová* (do tetragrama YHWH, normalmente transcrito na Bíblia como SENHOR [em Versal-versalete]) e *Elohim*, Deus, transcrita como *Senhor*, com "S" maiúsculo e o resto em minúsculas; quando está no meio da frase, é a palavra hebraica *Adon*, de onde vem *Adonai* (meu Senhor).

Sobre os javistas, Jean Astruc diz que, sempre que falam de Deus, eles usam o tetragrama YHWH, por isso são javistas. Há outro grupo que, quando quer falar sobre Deus, nunca usa Javé, mas Elohim, plural majestático de El (que é Deus também, mas com o sentido de divindade). O sufixo *him* é o que designa o plural na língua hebraica (assim como o "s" no português).

Dessa forma, Elohim significa literalmente "deuses" — contudo, na literatura hebraica existe o plural majestático; em algumas situações, esse plural refere-se a algo que é grande demais e não pode ser descrito no singular, mesmo sendo uma coisa só, como *céus*, *mares*. Assim, "Elohim" estaria dentro do uso do plural majestático.

Jean Astruc, portanto, identifica essas duas fontes. Assim, possivelmente temos dois grupos: o dos eloístas e o dos javistas. Desse modo, nasce a hipótese documentária, em meados do século 18, com esse médico francês que identifica as fontes "J" e "E". Ele acreditava que essas duas fontes foram usadas por Moisés na composição do Pentateuco. Astruc supunha que essas fontes já existiam antes de Moisés (informação que sofreria mudanças posteriormente, sobretudo na Alemanha) e que Moisés vale-se delas quando escreve o texto de Gênesis (ele usa algumas fontes que chamavam Deus de *Javé*, e outras que chamavam Deus de *Elohim*, por isso vemos essa distinção).

Um número grande de teorias a respeito dessas fontes surgiu com o passar dos anos. Cem anos após Jean Astruc ter escrito isso, outras duas fontes foram acrescentadas: a fonte "D", *deuteronomista*, e a fonte "P" (do alemão *priesterlich*), chamada de *sacerdotal*.

A pergunta é: A partir de quando a hipótese documentária passa a ser dominante na erudição moderna? Hoje em dia, a maioria das pessoas que lida com o Antigo Testamento não crê mais que Moisés é o autor. A maioria abraça a visão que nasce com Jean Astruc e tantos outros teóricos do Antigo Testamento.

Pouco tempo depois de Jean Astruc, no século 19, vemos os responsáveis pela modernização dessa teoria que cresce e hoje varre o mundo todo. Julius Wellhausen e Karl Heinrich Graf foram aqueles que em 1876, aproximadamente, popularizaram a teoria de Astruc, mas como uma visão evolucionista da religião em Israel.

Foi nesse período que Charles Darwin desenvolveu sua teoria evolucionista; a ideia estava bastante em voga em toda a Europa. O livro *A origem das espécies* é publicado um pouco antes (1859) e recebe ampla aceitação — as ideias eram discutidas e tratadas nas grandes universidades. Esses senhores tomam posse dessas ideias e tentam aplicá-las. Quais ideias? Aquelas referentes à teoria de que nós somos fruto de uma ameba, de uma ave muito antiga que já não existe mais, ou de macacos ou homenídios que evoluíram de forma macro ao longo da história. Ao longo do tempo, fomos nos misturando e sendo transformados, numa espécie de macroevolução: de uma ameba em um ser humano.

Existe a microevolução, e isso é fato. Pegue duas raças de cachorro: elas se cruzam, e nasce uma nova raça. Deus criou o cachorro, não as raças, como a Pitbull. É possível que o bico dos pássaros seja transformado por causa da localização em que estão. A microevolução é perceptível e não é mais teoria, mas fato. Contudo, a macroevolução proposta por Darwin e seus discípulos é impossível — por exemplo: o homem vir do macaco é macroevolução. De uma raça originou-se outra.

Imagine os teólogos levando para a Palavra essa manobra toda que a ciência faz, tentando imaginar uma visão evolucionista da religião de Israel. Foi isso que Wellhausen e Graf fizeram. Eles criaram uma visão evolucionista da religião de Israel e sistematizaram essas fontes, elaborando uma espécie de teologia sistemática, um livro, ou uma organização da visão evolucionista teísta, a qual ficou conhecida como teoria

Graf-Wellhausen. Foi esse o trabalho que eles lançaram num período de dez anos, de 1866 a 1876, popularizando essa visão e ampliando a pesquisa das fontes, ou seja, da hipótese documentária. De forma resumida, o que se acredita no liberalismo teológico hoje é isto: Moisés não é o autor de Gênesis nem do restante do Pentateuco.

Vários autores foram responsáveis por essas obras, nas seguintes datas:

> **"J"** foi a primeira fonte, escrita entre 950 e 850 a.C., período inicial da monarquia de Israel. Teria sido compilada em Judá.
> **"E"** foi a segunda fonte e teria sido escrita por volta de 750-700 a.C., no período do reino dividido, no reino do Norte (as dez tribos que ficavam no norte do território e depois foram levadas para o cativeiro assírio, de onde nunca mais voltaram. No reino do Norte, todos os reis foram maus; o pior de todos foi Acabe).
> **"D"** foi a fonte coletada e composta no início do século 7 a.C., segundo os teóricos. É do período de Isaías, por volta da época da reforma de Josias.
> A fonte **"P"** foi composta e compilada entre 550 e o século 4 a.C., ou seja, o período do cativeiro babilônico e o período pós-cativeiro babilônico.

A pesquisa de Astruc, no século 18, abriu as portas para os teólogos liberais, e eles puseram em dúvida a autoria mosaica. Assim, esses teólogos acabaram por apresentar essas quatro fontes, escritas em períodos diferentes — uma mentira na qual uma grande parte dos atuais professores de teologia acredita.

Eu acredito que Jesus está cumprindo aquilo que disse. Quando o Filho do Homem voltasse, encontraria fé na terra? A serpente não está mais no deserto e no jardim, mas nos seminários e nas igrejas, atrás dos púlpitos, envenenando pessoas, colocando dúvidas na cabeça das pessoas.

A intenção principal da serpente é desacreditar. É colocar em dúvida a Palavra de Deus. Ela sabe que a Bíblia é a revelação do próprio Deus para levar o homem de volta a ele, para trazer de volta suas criaturas à sua presença. A intenção de Deus com a revelação, com a inspiração, com a verdade que é apresentada pelas Sagradas Escrituras é nos levar salvos e redimidos para o seu reino — como Jesus contou em algumas parábolas. A serpente continua tentando colocar em xeque aquilo que o Senhor Deus revelou.

Ainda hoje, alguns teólogos, professores e pastores continuam a promover um desafio, uma mensagem cujo objetivo é desacreditar totalmente o texto sagrado e a inspiração. Eles dizem que Moisés não foi o autor do Pentateuco, ainda que redacional (esta era a ideia de Jean Astruc). Moisés não teria sido nem de longe o autor do Pentateuco. Para essa teoria (JEDP), Moisés nem mais estava vivo quando o Pentateuco foi dado, pois ele morreu por volta de 1400 a.C. O primeiro texto de Gênesis, segundo a teoria, teria nascido mais de 500 anos depois da morte de Moisés. Assim, segundo os liberais, não há nada de Moisés no Pentateuco.

Desde esse período surge a brincadeira liberal: o Pentateuco é mosaico (ou seja, de Moisés) ou é um mosaico (como uma colcha de retalhos)?

CAPÍTULO TRÊS

Gráficos da estrutura das fontes, da hipótese documentária:

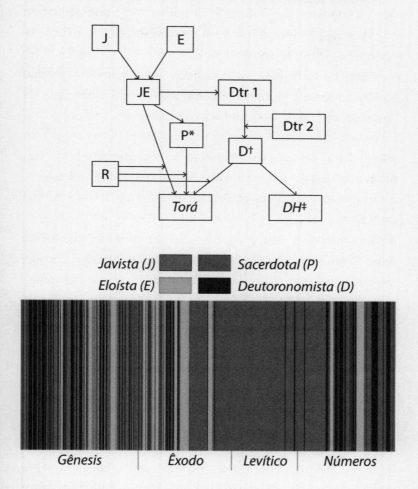

Por trás de todas essas fontes (J, E, D, P e outras), houve também o "R", de *Redator*, ou seja, alguém que no fim das contas foi o editor-chefe da obra, aquele que pegou todo o material, juntou tudo e deu a ele uma cara bonita, com o intuito de publicá-lo. Assim teria nascido a Torá, o Pentateuco.

O CONTEXTO AUTORAL POR TRÁS DO PENTATEUCO

Qual é o problema em acreditar na hipótese das fontes? Por que os liberais estão errados? Por que aqueles que acreditam na hipótese documentária e na existência apenas mítica de Adão e Eva estão errados?

Antes de tudo, eles estão errados teologicamente, porque teologicamente a hipótese documentária fere a autoridade de Jesus Cristo, o qual, ao se referir ao Pentateuco, sempre o atribuiu a Moisés. "Pela dureza dos vossos corações vos deixou ele [Moisés] escrito esse mandamento; [...] Por isso deixará o homem a seu pai e a sua mãe, e unir-se-á a sua mulher" (Mc 10.5-7). Jesus cita textos do Antigo Testamento atribuindo-os à autoria de Moisés.

Se Cristo está dizendo que foi Moisés, mas não foi Moisés, então Cristo errou; se Cristo errou, ele não pode ser Deus, porque, se fosse Deus, não erraria jamais! Teologicamente, essas fontes carregam um problema muito grave: se elas são verdadeiras, Jesus Cristo pecou ao atribuir esses escritos a um autor errado.

Outro erro que encontro nessas fontes se refere à questão histórica. Historicamente, elas apresentam anacronismo profundo (ou seja, usar um termo de um tempo futuro, mas dentro de um tempo passado, no qual o tempo futuro ainda não existia — por exemplo: dizer que o apóstolo Paulo torcia pelo Fortaleza Esporte Clube. Nesse caso, estou falando de um fato presente, mas que é futuro para Paulo; contudo, estou aplicando esse fato futuro ao passado, que é quando Paulo vivia, um tempo em que o fato sobre o qual estou falando não existia ainda).

O pano de fundo de "P" (fonte sacerdotal) pressupõe o templo, porém as fontes só falam do tabernáculo. Se os documentos fossem escritos de fato por essas comunidades sacerdotais, que é o que se pretende, então provavelmente falariam mais do

CAPÍTULO TRÊS

templo. Mas, impressionantemente, o templo nem existia nessa época. Aqui temos um anacronismo muito grave.

Ainda temos um terceiro problema: literariamente, não há razões para separar as fontes, pois elas formam unidades perfeitas de narrativas. Você não pode quebrar a sequência, dizendo: "Aqui é de uma comunidade; ali é de outra." Elas obedecem a todos os critérios de identificação, coesão e coerência quanto à unidade narrativa. Se você for escrever um livro, vai escrevê-lo com início, meio e fim, senão ninguém vai entender nada; será um desastre. É preciso escolher alguns critérios de identificação, coesão e coerência. Automaticamente, você vai imprimir uma linguagem própria no seu livro, de modo que seus leitores, ao lerem a sua obra, vão identificar você, mesmo sem ler o seu nome. Eles perceberão traços característicos dentro da voz do autor e da narrativa.

Quando analisamos literária e linguisticamente os textos de Gênesis e Êxodo (principalmente esses dois, que têm muita história e pouca lei), percebemos uma unidade perfeita de narrativa. Se digo que várias comunidades num período de mais de quinhentos anos escreveram esses livros, estou dizendo o seguinte: "Hoje, escrevi um pedacinho: 'No princípio...'"; daqui a oitenta anos, o outro irmão escreveu: "Deus"; dali a duzentos anos, o outro registra: "criou os céus e a terra". Depois de 250 anos, tantos outros terão escrito outra coisa; mas sem se conhecerem, e uns contra os outros, cada um querendo "puxar a sardinha" para a sua comunidade, para o seu ponto de vista teológico, histórico e nacional.

Imagine que depois de quatrocentos ou quinhentos anos alguém reúna tudo o que eu e as outras pessoas escrevemos, dando origem a um livro que tem uma unidade perfeita de narrativa! Se lá na frente eu olhasse para isso, diria: "É um milagre!" Como é possível que inúmeras comunidades, com várias e várias pessoas, talvez centenas delas, interferindo nessa história poderiam gerar algo tão perfeito, obedecendo a todos os critérios de identificação que hoje são estudados por peritos gramaticais e literários?

Se realmente não foi Moisés, então foi outro milagre. Mas é justamente isso que eles querem ensinar: que não há milagre e que alguns dos milagres foram ali inseridos com objetivos escusos por parte dessas comunidades, a fim de defender algumas coisas. Querem desacreditar o Dilúvio, a abertura do mar Vermelho, a abertura e a retenção das águas do Jordão, o maná, a água que saiu da rocha e personagens como a serpente, Adão, Eva, Abel, Caim, Abraão, Isaque e o cordeiro que apareceu quando Abraão ia sacrificar o próprio filho. O objetivo é desacreditar a inspiração e a sobrenaturalidade por trás do texto sagrado. Mas, fazendo isso, acabam criando um milagre ainda maior. É muito mais difícil dizer que tudo isso foi reunido do que admitir que houve um autor, o qual, inspirado por Deus, pensou e registrou esse texto.

Em último lugar, quero falar do ponto de vista linguístico: linguisticamente, as fontes padecem de anacronismos — mas não só de anacronismos históricos, e sim filológicos (não o contrário, como alguns liberais sugerem). Alguns termos e algumas palavras não "batem". Os termos que aparecem em "P" e "D" eram próprios do período mosaico. Na época em que essas fontes foram escritas (segundo os liberais, no período de Isaías até o final do cativeiro babilônico — do século 7 ao 4 a.C.), essas palavras não eram mais usadas. Eram palavras que já tinham caído em desuso; ninguém mais falava aquelas coisas. Tratava-se de palavras usadas pela comunidade israelita na época

CAPÍTULO TRÊS

de Moisés (pense assim: é como as palavras que eram faladas aqui no Brasil no século 16; hoje, elas não são mais ditas, e passaram-se apenas quinhentos anos! O anacronismo ao qual nos referimos aqui é de cerca de mil anos). Dessa forma, é absurda a pretensão dos liberais de dizer tais coisas.

Linguística, literária, histórica e teologicamente, as fontes padecem de erros graves.

Edward Young, autor conservador sobre o Antigo Testamento, escreveu o seguinte:

> Quando afirmamos que Moisés escreveu ou que foi o autor do Pentateuco, nós não queremos dizer que ele tenha escrito necessariamente cada palavra que ali se encontra. E eu acredito nisso também. Insistir sobre esse ponto não seria racional. O testemunho das Escrituras Sagradas nos leva a acreditar que Moisés foi o autor fundamental ou real do Pentateuco. Nessa composição é possível realmente, conforme sugerido por Astruc, que ele tenha empregado porções de documentos escritos previamente existentes. E que outras pessoas, eu acrescento aqui, tenham redacionalmente escrito algumas coisas, que não foram escritas por Moisés.[2]

Quer um exemplo? Quando chegamos aos capítulos finais de Deuteronômio, vemos a morte de Moisés. Assim, há uma atividade redacional, mas isso não fere o todo da obra de Moisés, tida pelo povo todo, posteriormente, como obra de Moisés.

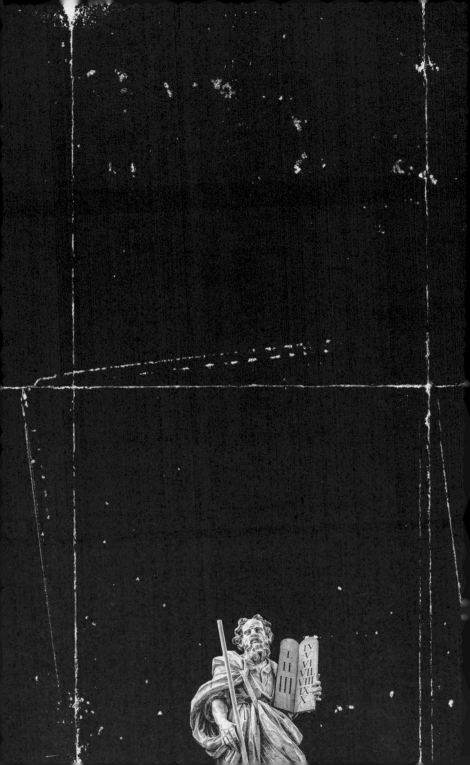

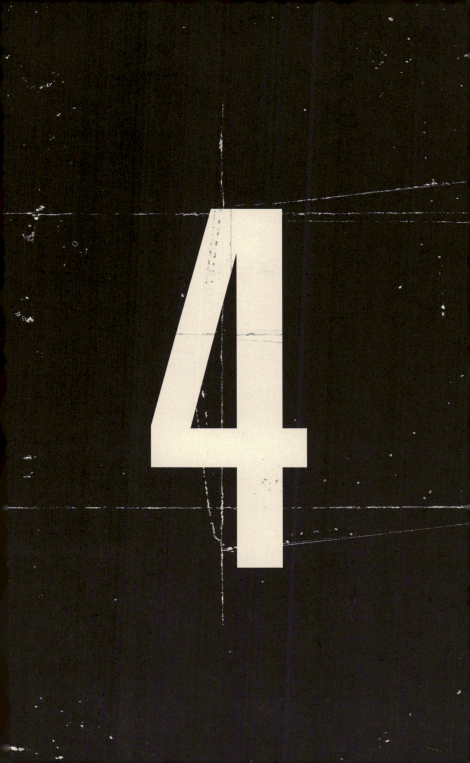

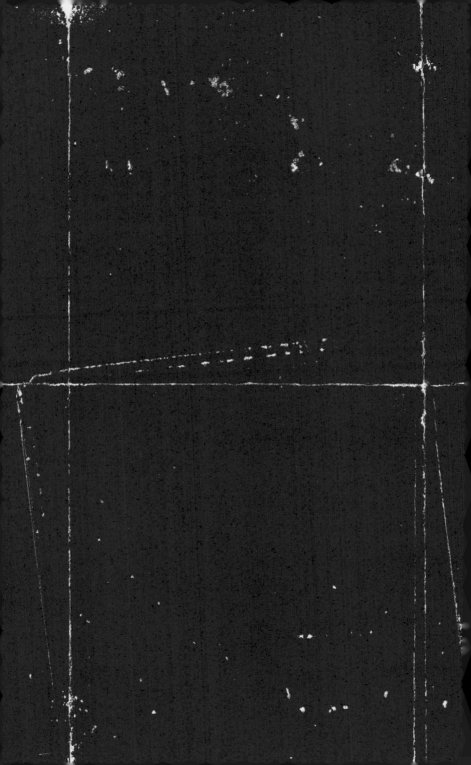

O CONTEXTO HISTÓRICO POR TRÁS DO PENTATEUCO

ATÉ AGORA, FALAMOS SOBRE os contextos religioso, apologético e autoral. No contexto religioso, vimos as bases que fundaram o pensamento dos judeus no período em que eles receberam o Pentateuco; percebemos como era a mentalidade dos israelitas nessa ocasião. Conscientes disso, entendemos o porquê de alguns registros que estão presentes em Gênesis, Êxodo, Levítico, Números e Deuteronômio; entendemos também, em linhas gerais, o contexto religioso babilônico e egípcio.

Vimos, no contexto apologético, que o Senhor Deus, inspirando sua Palavra por meio de Moisés, desejava quebrar toda a crosta de paganismo e de cosmogonias ridículas que compunham a mentalidade e o ponto de vista dos israelitas naquele tempo. O Senhor Deus foi desmontando passo a passo tudo que eles nutriam na alma com relação à criação, à verdadeira religião e à realidade das divindades, a fim de edificar a fé e mostrar como eles deveriam guardá-la quando estivessem no meio de algum povo com fé diferente.

O objetivo de Gênesis, Êxodo, Levítico, Números e Deuteronômio não era apenas instruir na fé, mas preparar o povo apologeticamente para enfrentar tudo quando entrasse em Canaã. Dessa forma, o Pentateuco também tem a apologética como propósito. Não há propósito científico, o que é, curiosamente, um dos maiores objetivos nos dias de hoje.

Quando as pessoas abordam o texto bíblico, sobretudo Gênesis, a porta de entrada do Pentateuco, empreendem um esforço científico para tentar encontrar algo que comprove aquilo em que acreditam. Elas agem como se esse fosse o objetivo do Espírito Santo ao revelar tal palavra ao seu povo; como se o objetivo de Deus fosse ensinar física, astrofísica, astronomia, química e biologia àqueles hebreus que haviam sido escravos por mais de quatrocentos anos. Quando chegam ao deserto e recebem esse texto, eles não sabiam ler nem escrever, com raríssimas exceções; não sabiam fazer nada além de construir pirâmides e casas ou carregar pedras, trabalhos típicos de escravos. Nem lutar para se defender eles sabiam. Não sabiam nada das artes militares e de outras artes que já existiam naquela época. Excetuando um ou outro que viveu mais próximo das autoridades, como o próprio Moisés, instruído nas leis do Egito, a maioria do povo não sabia nada.

Deus, em Gênesis e no restante do Pentateuco, não está querendo instruir o povo a respeito da ciência; ele quer alimentar a fé de Israel com alimento para nutrir a alma e ficar guardado no coração do povo; assim, o objetivo não era só quebrar o que eles receberam no passado, mas protegê-los do que receberiam no futuro.

CAPÍTULO QUATRO

Quanto ao contexto autoral, já sabemos sobre o debate entre as duas escolas de interpretação do Pentateuco: a conservadora e a mítica, também conhecida como liberal. A primeira tem como pressuposto a autoria de Moisés no Pentateuco, com atividade redacional[1] aqui e ali, como quando trata da sua morte. Mas, na parte maior desse conjunto de livros, o que temos é a inspiração do Espírito Santo sendo dada a Moisés.

Por outro lado, temos a escola que diz que Moisés estava morto havia mais de quinhentos anos quando o Pentateuco nos foi dado. Segundo essa escola, o Pentateuco foi compilado por redatores; assim, foi fruto do trabalho de muitos escritores espalhados em muitas cidades e com muitas perspectivas teológicas diferentes, cada um querendo "puxar a sardinha" para o seu lado e imprimir mais do seu próprio ponto de vista na porção que escreveu. No futuro, um "editor" juntaria tudo, o que, como resultado, gerou o Pentateuco. Essa escola tem como objetivo desacreditar não só a autoria de Moisés, mas tudo que é sobrenatural, todo o milagre, tudo que não pode ser provado. Isso nasceu no contexto da grande revolução causada pelos escritos de Charles Darwin, autor, no final do século 19, da teoria da evolução. Essa teoria tinha uma grande força impulsionada pelo final do século 18, com a Revolução Francesa e a explosão do racionalismo e do iluminismo: você só poderia acreditar naquilo que pudesse ser provado. O empirismo ganha muita força nessa época.

Você só pode acreditar que um púlpito é de madeira se colocar a mão nele, fizer algumas pesquisas e comprovar que ele não é de pedra, de gesso ou de argila, mas de madeira mesmo. Você extrai uma amostra, leva para um laboratório e, por meio de um método científico, empiricamente comprova que o material é madeira (e até diz de qual árvore o púlpito foi feito). A ideia é: se não for possível fazer todo esse esforço e aplicar essa metodologia científica, também não é possível acreditar.

Se unimos todo esse contexto à teoria da evolução, temos duas forças: empirismo/iluminismo e evolucionismo. Se levamos essas ideias para o âmbito teológico, temos o nascimento do *liberalismo teológico* — que veio a se fortalecer nos seminários e hoje é visto também nas igrejas.

No século passado, sobretudo na Europa e nos Estados Unidos, essa situação estava presente apenas nos seminários. Afora isso, raramente se encontrava alguém que acreditava nessas besteiras plantadas pelo Inimigo dentro das igrejas. Que tipo de besteira? Por exemplo, que o Êxodo não aconteceu (pelo menos não como está na Bíblia): o mar não se abriu; as pragas não existiram; Moisés não foi ao Sinai; Deus não escreveu na pedra; Moisés não quebrou as pedras quando viu o bezerro de ouro e as outras coisas feitas pelo povo. Do que está em Êxodo, 10% seria história, fatos que realmente aconteceram. Dessa forma, chega-se à conclusão de que apenas 10% é Palavra de Deus; o resto é mito. Precisamos desconstruir isso, para poder construir o que deveria ser uma fé racional para todo o mundo.

Esse cenário estava circunscrito aos seminários, mas, depois de um tempo, os alunos dos seminários foram para as igrejas. As igrejas começaram a aprender essas coisas. E as igrejas começaram a morrer. Na Europa (que é onde tudo isso nasceu), alguns teólogos chamam essa situação de "chão" ou "terra queimada": onde o liberalismo teológico entrou, praticamente não floresceu mais nada. A semente do evangelho

CAPÍTULO QUATRO

poderia ser lançada, mas ali mais nada brotava e nascia; virou terra queimada.

Na minha cidade, chamamos de "mata-mato" uma espécie de veneno aplicado a um terreno para que ali não nasça mais mato. Não se pode plantar mais nada nessa terra, porque você pode se envenenar. O liberalismo teológico é um mata-mato: onde foi lançado, matou as igrejas e tornou o lugar totalmente inacessível ao florescer do evangelho.

Na maioria das cidades da Europa, não vemos mais igrejas. As igrejas foram vendidas e se transformaram em boates, bares, restaurantes — isso quando não foram compradas para ser demolidas e dar lugar a edifícios comerciais e residenciais, praças públicas ou cemitérios.

Nos Estados Unidos, não foi assim no começo, porque essa ideia era algo "importado". A teoria é que, da Alemanha, o liberalismo teológico foi para a Inglaterra; da Inglaterra, para a América do Norte; da América do Norte, para o Brasil e outros lugares da América do Sul.

Algum tempo atrás, estive com Steven Lawson, um pastor americano que pregou num curso promovido pela Editora Fiel ("Curso Fiel de Liderança", do qual eu era tutor teológico). Nós almoçávamos e jantávamos juntos, e eu o acompanhava nas aulas (e os alunos também). Em algumas das conversas que tivemos, falamos do liberalismo teológico. Ele me falou que foi pregar numa igreja nos Estados Unidos; o pastor dessa igreja queria muito que ele fosse ali pregar. Steven imaginou que fosse uma igreja conservadora, bíblica, temente ao Senhor. Era uma igreja linda, num prédio gigantesco, com um jardim. Steven começou a pregar. Havia cerca de quinze pessoas numa igreja com mais de três mil lugares. Ele imaginou que o pastor mudara o horário, agendando o culto para mais cedo; assim, os irmãos teriam se enroscado no trânsito e não conseguiram chegar. Ele pregou e pregou. Aqueles quinze ficaram até o final, e não apareceu mais nenhuma viva alma. No segundo culto, aconteceu a mesma coisa, ainda com menos pessoas.

Perto da hora do almoço, que também era o momento da despedida, ele foi ao escritório do pastor. Durante a conversa, perguntou ao colega sobre a realidade daquela igreja. O pastor respondeu que a igreja tinha cinco mil membros.

— Então o que aconteceu com os irmãos? — ele perguntou.

A resposta foi:

— Os irmãos aqui são mais maduros; entendemos que não precisamos ir à igreja para ser igreja. Entendemos que essa ideia de estar em comunhão com as pessoas está nas igrejas históricas e, agora, nas pentecostais e neopentecostais. É tudo bobeira. Entendemos que somos uma comunidade de amigos; assim, uma vez a cada três ou cinco meses nos encontramos para uma ceia, que na verdade é um grande almoço.

— E quanto ao sustento? — Steven perguntou.

— No começo do ano, fazemos o planejamento do que é preciso para o ano inteiro. Enviamos o carnê. Alguns pagam de uma vez só; outros dividem em doze vezes, seis vezes... Mas todos pagam o que é preciso. Temos sustento para viver o ano inteiro, para manter o jardim, para a limpeza dos vitrais e toda a estrutura. Mas não entendemos que as pessoas precisam vir aqui, estar com outras pessoas ou ouvir uma pregação. Nós somos uma igreja — respondeu o pastor.

Steven Lawson, que é de tradição reformada, questionou se o pastor pelo menos era de uma linha conservadora, mesmo

CAPÍTULO QUATRO

que reformada, mas que fosse crente (há muito reformado que nem crente é). A resposta do pastor foi:

— A gente também amadureceu e foi além: essas coisas de Reforma, calvinismo, arminianismo... Esses "ismos" são doenças na igreja. Entendemos que a Palavra de Deus precisa ser desmistificada.

Assim, Steven Lawson já sabia diante de quem ele estava e o que havia matado aquela igreja. Ela era uma terra queimada. Chegará o momento em que essas pessoas entenderão que nem mesmo é preciso dar o dízimo — aliás, nem chamam mais de "dízimo". Chegará o momento em que elas "amadurecerão", mas, na verdade, esse "amadurecimento" é uma enfermidade. Essa igreja não vai participar de mais nada. Não terá mais dinheiro para se sustentar e terá que ser vendida e transformada numa boate, como aconteceu com muitas igrejas na Inglaterra, na Suíça, na Escócia, na Alemanha e em tantos outros países.

O que encontramos hoje é destruição onde essa visão liberal e mítica entrou. E não pense você que essa destruição aconteceu da noite para o dia. Não pense que essa terra queimada e envenenada é destruída de uma semana para a outra, de um ano para o outro. Trata-se de um processo que leva anos, décadas; um processo que, do meu ponto de vista, leva pelo menos uns quarenta a cinquenta anos para se cristalizar. É de uma geração para outra que se percebem as consequências do liberalismo teológico na igreja.

No Brasil, quando comecei o seminário (em 2000), tive professores que me ensinaram que o mar Vermelho não se abriu. Era começo de ano; o professor lecionava introdução à teologia; a classe tinha quase sessenta alunos. Ele fez o pedido na primeira semana de aula:

— Quem aqui acredita que o mar Vermelho se abriu levante a mão.

Eu levantei.

O professor veio em minha direção; eu estava anotando tudo o que ele falava. Quando olhei para o lado, vi que só eu estava com a mão levantada. Eu era o mais chucro, o caipira do interior de São Paulo. Cheguei ao Rio de Janeiro e vi que meus colegas de classe já sabiam qual era a perspectiva teológica do seminário. Só depois eu fui entendendo; para mim, o seminário era uma EBD avançada, uma maravilha! Eu poderia fazer aquilo que mais amava: estudar a Bíblia, estar na igreja, conduzir estudos. Achei que o seminário era um pouco disso, que era o céu! Mas descobri que era o inferno: alunos chegando bêbados, casais homossexuais, pacotes de camisinha espalhados pelo seminário, casais de namorados que tinham uma vida de casados, mais ativos dentro da igreja do que casais casados... Afora os professores.

O professor me questionou:

— Por que você acredita que o mar Vermelho se abriu?

Abaixei a mão e falei:

— Ué, porque está na Bíblia!

Ele retrucou:

— Mas você acredita nisso? Você estava lá?

Em outra aula, quando ele nos questionou sobre a ressurreição de Jesus, eu, ingênuo, levantei a mão de novo, mas abaixei mais rápido, porque ninguém levantara a mão. Nessa aula, ele também demonstrou, com toda a sua habilidade, que Jesus Cristo jamais ressuscitou. Jesus Cristo ressuscita no coração daquele que se converte.

Fui ouvir esse cara pregando na igreja dele — uma grande igreja no Rio de Janeiro — em uma noite na qual um cantor *gospel* famoso era o convidado. Na época, eu era fã do cantor; depois, Deus me libertou disso. Mas fui ouvir o cantor *gospel* famoso. O cantor cantou, e o pastor pregou. Na pregação, o pastor citou justamente a ressurreição de Jesus, como se ele cresse nisso. Ali me lembrei de algo que outro pastor disse sobre a língua da serpente: "Aquele que prega uma coisa aqui e ensina outra coisa ali divide a mente das pessoas e mata a igreja."

Esse pastor foi expulso da sua igreja por causa de escândalos, não só na área sexual, mas também na área financeira, por causa de desvio de recursos. O caso foi tão grave que a igreja o proibiu de entrar, colocando policiais à porta. E esse homem foi meu professor de teologia.

Onde estão esses seminaristas que hoje são pastores? Estão pastoreando igrejas Brasil afora; alguns se tornaram missionários. Muitos deles ainda guardam no coração a fé que aprenderam no seminário.

É do dia para a noite que essas igrejas morrerão? Não. Estamos vivendo no tempo em que são ensinadas essas "coisas legais", "revolucionárias" para o agora, para a gente aqui. Coisas que muitos têm pregado e ensinado pelo YouTube — são pastores famosos da internet que desmistificam todas as coisas e que gostam de um cenário todo esquisito. Eles são "pra frente". São pastores "avançados", "evoluídos", que já saíram desse tempo das cavernas no qual as pessoas acreditavam que a Bíblia era inspirada por Deus. São pastores mais "inteligentes", mais "esclarecidos", mais "instruídos"; são diferentes dessa "massa estúpida e insensata" que ainda acredita no que os antepassados pregavam; que ainda acredita nas Escrituras inspiradas por Deus, cuja redação autoral inicial foi de Moisés. Esses pastores dizem: "Não! Nós já evoluímos! Já passamos disso aí." É por essa razão que, em nossas igrejas, as coisas já não são mais como antes. Hoje, tudo pode, tudo crê, tudo espera — mas não no sentido bíblico, e sim no sentido liberal.

Tenho antigos conhecidos que são membros de algumas igrejas lideradas por pastores que saíram desses seminários, cuja vida é como a de qualquer pessoa do mundo fora da igreja: vida sexual, vida social, vida empresarial, tudo exatamente como a vida daqueles que não têm temor nenhum a Deus. Quando conversamos com essas pessoas, elas dizem: "O nosso pastor é um pastor esclarecido! Você precisa conhecê-lo! Ele é 'o' pastor! Ele é tudo o que sempre procuramos e não encontramos! Nossa igreja é maravilhosa!" Mas, conversando, você percebe que todas essas pessoas levam uma vida totalmente imoral, devassa e cheia de pecados, tal como é a pregação (ou pelo menos a permissão) desses púlpitos.

Como tudo isso nasce? Da concepção mítica a respeito da inspiração e da autoria das Escrituras. Se essa base é destruída, consegue-se destruir as demais. Com o tempo, daqui a algumas décadas, a menos que Deus intervenha e nos conceda um avivamento, o que perceberemos no Brasil será uma terra como a observada na Europa e nos Estados Unidos.

Um panorama por trás dos acontecimentos

Vamos fazer algumas observações gerais extraídas do livro *Foco e desenvolvimento do Antigo Testamento*, do pastor Carlos Osvaldo Cardoso Pinto.

Sabemos que Moisés é o autor que sintetizou as tradições orais e talvez escritas. Esse é um dos primeiros pontos. É óbvio que, antes de Moisés escrever o Pentateuco, o povo já cria

CAPÍTULO QUATRO

em muitas coisas. Moisés viveu muitos anos depois de Abraão (cerca de seiscentos anos depois). Não foi Deus que chegou ao monte e revelou a existência de Abraão a Moisés; obviamente, o autor do Pentateuco já o conhecia. Quando Moisés escreve, o Espírito Santo o inspira e concede a ele graça e autoridade para que o texto seja inspirado.

Moisés recebeu muita coisa do Senhor, mas nem tudo o que está no Pentateuco foi ditado (algo como Deus falando). Existe ditado, mas ele se refere à menor parte do texto. Dentro do conjunto total do Pentateuco, o que encontramos é a utilização de recursos já escritos e de recursos que foram trazidos pelo povo.

É preciso ressaltar também que o objetivo principal do Pentateuco é destruir o politeísmo, o paganismo e todas as cosmogonias bizarras que o povo nutria naquela época.

A forma final do Pentateuco foi dada nas campinas de Moabe por volta do ano 1445 a.C. (alguns sugerem uma data entre 1445 a.C. e 1400 a.C.). Essa data não é exata. Algumas pessoas apontam 1550 a.C.; outras, 1350 a.C., mas a data gira em torno desse tempo para os conservadores; os liberais dizem que é o ano 900 a.C. ou menos, pois eles não têm nenhuma preocupação com a inspiração.

A Bíblia afirma de forma direta e indireta que os seus primeiros cinco livros foram escritos por Moisés (Êx 17.14; Nm 33.1-2; Dt 31.9; 2Rs 21.8; Mt 19.6-7).

Vemos tanto dentro do Pentateuco quanto fora dele (em 2Reis e em Mateus) o reconhecimento e o apontamento de que esse texto foi inspirado pelo Senhor e colocado nas mãos de Moisés.

Israel viveu como escravo por mais de quatrocentos anos, tendo sido submetido, durante todo esse tempo, a um verdadeiro massacre intelectual. É bem possível que Israel não tenha transmitido às gerações futuras tudo o que recebeu de Abraão, Isaque e Jacó; Jacó ensinou tudo a seus filhos; deles, nem todos foram tementes a Deus, pois mostraram-se capazes de vender um irmão e mentir ao pai, dizendo que esse irmão tinha morrido.

Vamos supor, na melhor das hipóteses, que o povo tivesse transmitido suas histórias de geração em geração. Contudo, essas gerações não continuaram a manter essa tradição — não só por iniciativa própria, mas porque foram colocadas debaixo de uma verdadeira enxurrada de informações politeístas. A ideia de vários deuses, como já citei, compôs a mentalidade do povo egípcio. Aqueles que se dedicaram um pouco mais ao estudo das divindades chegaram a ver o que aconteceu na Babilônia, como também citei. O povo foi submetido a um verdadeiro massacre, a uma massacrante lavagem cerebral politeísta. Nada, a não ser uma revelação divina, seria capaz de quebrar essa crosta de paganismo que envolvia a história do povo israelita, a própria cosmogonia e a filosofia da história que eles carregavam no coração.

Os livros recebidos de Moisés nas campinas de Moabe, por volta de 1445 a.C., pouco antes de Israel entrar na Terra Prometida e de Moisés morrer e desaparecer, sinalizam que o povo já assumia uma forma de nação realmente independente. Ali o povo já tinha pelo menos algumas décadas de história, pelo menos quarenta anos. O povo já estava consolidado.

Os israelitas que alcançam esse período da história já não são mais o povo que viveu a escravidão no Egito. Lembra-se de que, dos que saíram do Egito, só dois entraram na Terra Prometida? Foram Josué e Calebe; o resto morreu no deserto.

CAPÍTULO QUATRO

E olha que saíram do Egito mais de 2 milhões de pessoas. Então, quem são as pessoas que entraram na Terra Prometida? As que nasceram no deserto e não conheceram a escravidão, o trabalho duro. Muitos deles nem viram o mar Vermelho se abrir. Nasceram depois. Conheceram o maná, Moisés já velhinho, o tabernáculo (pelo menos no tempo posterior à revelação no Sinai) e as histórias que seus pais lhes contaram. Foram eles que entraram, mas eram também eles que guardavam o apreço de seus antepassados pelos deuses do Egito. Os momentos mais cruciais, especialmente os relatados no quarto livro do Pentateuco, Números, retratavam o desejo do povo de voltar para o Egito — e não pense você que era apenas por causa do alho, da cebola, do pepino e da carne que eles tinham em abundância para comer lá. Era por causa das divindades que carregavam consigo, tanto é que, aqui e ali, chegaram a construir algumas. O bezerro de ouro, por exemplo, não era um deus inventado do nada. Era um dos deuses mais fortes daquela região de onde os israelitas foram tirados. Quando eles chegam ali, são capazes de construir um bezerro de ouro na ausência de Moisés.

Não se espante com o fato de o próprio Arão concordar com aquela construção. Por que Arão não impediu tudo aquilo? Por que recebeu as peças de ouro e consentiu naquela prática, causando tanta tristeza ao coração do seu irmão? Porque aquilo estava incrustado na alma do povo, não era algo a ser perdido do dia para a noite.

O texto do Pentateuco, dentro do contexto histórico em que os israelitas viveram, tinha como objetivo ajudá-los a não ser apenas uma nação independente agora formada, em plena condição de entrar na terra de Canaã e de se constituir como povo, mas também donos de terras, de casas, com seus líderes, sua história e sua fé. Era a composição daquilo em que eles acreditariam e daquilo que pregariam, por serem luz das nações. Isso já estava claro em Gênesis 12. Abraão é chamado (ele é o pai de toda essa gente) para ser o pai da fé e de toda a nação, porque tudo saiu dele! Esse povo agora é aquela constelação, aquele pálio estrelado que Abraão viu quando Deus o mandou olhar para o céu e tentar contar as estrelas, ou ir até o mar e contar os grãos de areia da praia. Assim seria a sua descendência. Agora as estrelas estão ali, diante de Jericó. Abraão já tinha morrido havia séculos, mas a promessa de Deus estava se cumprindo pouco a pouco, mais e mais.

Dessa forma, eles precisavam ter um documento que os pudesse recordar de sua origem, de quem eram e para onde iam. Lá atrás, quando seu pai, Abraão, foi chamado, Deus disse que, por meio da fé dele e de seus descendentes, todas as famílias da terra seriam abençoadas ("em ti serão benditas todas as famílias da terra", Gênesis 12.3), inclusive aquelas de Canaã, da Babilônia, do Egito e do mundo todo. Israel seria luz, bênção, diferença para as nações. Seria o povo que exerceria a força centrípeta, no sentido de atrair gente de todos os cantos para aquele centro no qual Deus brilharia.

O centro seria, mais à frente, a própria cidade de Jerusalém e, nesta, o próprio monte Sião, lugar específico onde Abraão foi sacrificar Isaque e onde seria construído o templo, o Santo dos Santos. Contudo, quando olhamos para o mapa, é nesse exato lugar que hoje está a Cúpula da Rocha, a mesquita de Omar. Na foto de Jerusalém, vemos a cúpula dourada, que muita gente acha que é uma igreja. Algumas Bíblias antigas católicas trazem na capa essa cúpula dourada, como se fosse uma igreja.

CAPÍTULO QUATRO

Mas não é uma igreja; é uma mesquita muçulmana, o terceiro local mais sagrado para os muçulmanos no mundo inteiro. Eles acreditam que ali Maomé foi assunto aos céus. Assim, construíram o templo exatamente nesse lugar que, achavam, era o mais sagrado.

O templo de Israel foi construído, mas depois destruído; só sobrou o muro de arrimo, que hoje é o lugar mais sagrado dos judeus: o Muro das Lamentações.

Carlos Osvaldo Pinto diz o seguinte no seu livro:

> Seus cinco livros deram a Israel a perspectiva divina sobre o surgimento do Universo e da nação israelita, bem como sobre o papel que ela desempenharia no plano de Deus. Tais noções eram fundamentais na hora crítica em que Israel se defrontaria com a mais idólatra e imoral das antigas culturas do Oriente Médio, os povos de Canaã.[2]

Naquela hora crucial, Gênesis e todo o Pentateuco são dados ao povo como uma forma de preparar apologeticamente Israel contra o paganismo que essa nação encontraria na Terra Prometida. Além disso, o objetivo era retirar do povo de Deus aquela casca de paganismo, fruto do seu passado no Egito. Assim, acredita-se que o texto foi dado por volta de 1445 a.C.

Contudo, antes de avançarmos no contexto histórico por trás do Pentateuco, é importantíssimo olhar para a vida de alguns faraós dos tempos da escrita do Pentateuco. Vamos tentar entender um pouco mais da história através de uma linha do tempo.

Contexto histórico dos faraós

Por volta de 1610 a.C., Sekenenré iniciou a expulsão dos hicsos. Para que tenhamos uma noção histórica, Abraão viveu por volta de 2000 a 2200 a.C. Alguns afirmam 1900 a.C., mas eu acho uma data muito próxima.

Temos Abraão, Isaque e Jacó; Jacó teve 12 filhos, e um deles, José, é vendido pelos próprios irmãos para mercadores de escravos. José vai para o Egito. Lá torna-se um grande administrador, o segundo depois do faraó. Por causa da fome no mundo inteiro, Jacó e os onze irmãos de José vão para o Egito, onde se encontram com José. Acontece, então, toda aquela situação fantástica, descrita no final do livro de Gênesis. Ali eles permanecem. José pede ao faraó uma região pouco habitada, na qual fosse possível apascentar rebanhos, profissão malvista no Egito. A família de José era de pastores, e esse era um dos trabalhos principais daqueles que desceram de Canaã. Assim, é concedida a eles aquela região; ali eles ficam até morrerem, um por um. Morre Jacó, os outros e José.

O texto bíblico diz que, quando José morre, surge um faraó, um novo rei, que não conheceu José (por volta de 1900 a.C.). Por que isso aconteceu? É algo que não está na Bíblia, mas, quando pesquisamos em livros de História Geral, sobretudo a respeito dos reinos antigos do Egito, vemos a história de um povo vindo da região onde hoje seria a Mongólia, ou norte da China: é o povo hicso. Alguns dizem que até no Japão havia hicsos, mas eles eram do Extremo Oriente; conta-se que esse povo invadiu o Egito e destruiu os faraós da época de José.[3] Quando José morreu, logo em seguida os hicsos invadiram o Egito e tomaram posse de todo aquele reino. Essa é a razão pela qual aquele novo faraó, líder máximo do reino,

CAPÍTULO QUATRO

não conhecia José. Aliás, ele não conhecia ninguém. Nem a língua do povo ele sabia falar. É por isso que, quando percebe um grande povo dentro do seu povo, escraviza-o, pois notou que eram pessoas diferentes, inteligentes e fortes; além disso, procriavam muito. Esse povo poderia ameaçar a soberania dos hicsos, que agora dominavam o Egito. Nos livros de História Geral, esse foi exatamente o período em que os hicsos invadiram o Egito.

Foi na época de Sekenenré, um egípcio, que começa a expulsão dos hicsos, com a intenção de recuperar a soberania egípcia no reino do Egito, por volta do ano 1610 a.C. Depois dele, temos outro faraó, Amósis; ele é quem termina a expulsão dos hicsos, por volta do ano 1550 a.C. (lembre-se de que dei a data de 1450 para a entrega do Pentateuco, portanto já estamos perto).

Um pouco depois, temos Tutmósis I. Nesse tempo, há várias expedições acontecendo tanto para o sul quanto para o norte, numa espécie de expansão do reino; uma espécie de "agora que recuperamos a soberania egípcia sobre todo o império, vamos expandi-lo novamente". Surge na história uma tal Hatshepsut, a primeira mulher famosa e com grande autoridade em todo o reino. Ela é conhecida como, talvez, a filha de um faraó, uma famosa rainha.

Carlos Osvaldo pesquisou vários documentos científicos e históricos antigos. Por meio desses estudos, ele nos dá algumas informações interessantes sobre essa mulher: ela era muito resoluta, muito capaz; era o verdadeiro poder do Egito, ao contrário do seu marido, Tutmósis II, que, segundo as pesquisas, era "pusilânime", "fraco" e "alguém sem muita expressão"; um "verdadeiro covarde", "destituído de coragem".[4]

Naquela cultura, a mulher — tal como na cultura do Oriente Médio, e do Oriente Próximo na época, a cultura semita de então — não tinha lugar, posição, a menos que se destacasse muito. Na época dos judeus, dos israelitas, do povo hebreu entrante em Canaã, e até mesmo na época de Cristo, embora ele tenha sido contra isso e quebrado essa ideia, a mulher, a criança e o jumento tinham o mesmo valor, eram a mesma coisa. Foi por esse motivo que os homens se mostraram surpreendidos com a atenção que Jesus Cristo deu às mulheres (por exemplo, à mulher samaritana).

Jesus quebra isso. O apóstolo Paulo prega essa ideia, embora alguns ignorantes encontrem machismo nele, o que se dá por puro desconhecimento. Não acho ruim. Se lessem um pouco mais, perceberiam que ele era o oposto do que prega o machismo. Alguns encontram machismo em Jesus. Se conhecessem pelo menos o povo daquela época, veriam uma verdadeira revolução feita por esses homens do Novo Testamento em sua cultura e época com relação ao tratamento dado às mulheres: mulheres sustentando ministérios; encontros oficiais de mulheres de determinada instituição; a igreja nascendo na casa de mulheres; mulheres se tornando discípulas; mulheres sendo perdoadas, como Jesus fez no caso daquela flagrada em adultério. O próprio Deus chama seu povo de "mulher" — a igreja é chamada de "noiva".

Quando temos uma mulher se destacando dentro do Império Egípcio, temos algo de grande destaque. Nenhuma mulher, ainda que filha do faraó, tinha autoridade para fazer coisa alguma contra uma lei instituída por ele. Por exemplo: o pai de Hatshepsut, provavelmente Tutmósis I, havia instituído o assassinato dos filhos de todos os hebreus; nessa época, as

CAPÍTULO QUATRO

parteiras hebreias mentiram para o faraó e deixaram nascer todas as crianças. Deus as abençoou por isso, e essa história está no livro de Êxodo. Depois, o faraó, enfurecido com as parteiras, mandou matar todas as crianças, lançando-as ao rio. Aí vem Miriã, que esconde Moisés e o coloca num cesto nas águas do Nilo. Moisés chega à porta da casa do faraó, e uma jovem o recolhe e o cria como filho. Ela não poderia fazer isso, porque seu pai mandara matar as crianças, a menos que ela já tivesse uma postura e posição surpreendentes dentro da cultura machista da época. Foi-lhe permitido criar esse menino, justamente um hebreu, que era contra a lei do faraó. Entenda esse cenário e reflita sobre a autoridade que aquele homem estava dando à sua filha.

Quando ela fica mais velha, segundo registros históricos do antigo reino e império egípcio, ela se torna uma famosa rainha — não chega a ser uma Cleópatra, mulher que também se destaca no Egito, mas torna-se um antítipo desta, uma espécie de autoridade máxima.

Tutmósis III, por volta de 1460 a.C., foi quem levou o Egito ao máximo do seu poder, chegando às margens do Eufrates, no atual Iraque, derrotando o reino de Mitani, muito forte naquela época, o que estendeu o reino do Egito por mais de três mil quilômetros do rio Orontes até o Nilo.

Temos também Amenófis II. A história conta que seu filho mais velho não foi seu sucessor. Isso é outra coisa interessante. Talvez aqui você esteja vendo uma espécie de incongruência de datas, por isso eu uso a expressão "por volta de", "cerca de". O filho mais velho de Amenófis II, segundo os registros do antigo Egito, morreu de causas estranhas, o que não era normal numa casa imperial naquela época. O filho mais novo acabou sendo o sucessor e tornando-se faraó. Assim, muita gente atribui a Amenófis II o fato de ter sido o faraó do Êxodo.

Um dos dados que fortalecem o pressuposto de que Amenófis II foi o faraó do Êxodo é a história que envolve seu filho. Para todos que já foram ao Egito e puderam visitar a Esfinge, viram que, entre suas patas, está uma estela (um tipo de pedra na qual encontra-se escrita uma história). Essa é a famosa Estela do Sonho. Na Estela do Sonho, há uma história muito interessante, que fala justamente sobre o que aconteceu com o filho mais velho do faraó: o filho mais novo de Amenófis II estava no deserto; ele passou ao lado da grande estátua; estava com muito sono e deitou-se ao lado da sombra que a cabeça da estátua fazia. Assim, teve um sonho. A imagem disse a ele o seguinte: "Dar-te-ei a realeza sobre a terra como cabeça dos seres vivos. Tu levarás a coroa branca e a coroa vermelha sobre o trono de Geb [o deus terra na cultura egípcia; o príncipe dos deuses]. É aqui que agora a areia do deserto me atormenta. A areia por cima da qual eu estava em outro tempo. Ocupa-te de mim para que possas realizar tudo o que desejo. E eu sei que tu és meu filho e meu protetor."

Ele limpa essa imagem e tira dela todo o barro. A história diz que, como recompensa, a imagem, no sonho, prometeu que ele seria o faraó. Pouco tempo depois, por causas inexplicáveis, o irmão mais velho daquele jovem que teve o sonho morreu; assim, o jovem torna-se o faraó do Egito, acontecendo exatamente como no sonho. Assim, ele faz que essa pedra seja escrita e colocada entre as patas da imagem, para que a história de sua ascensão ao trono fosse contada e conhecida.

CAPÍTULO QUATRO

Tutmósis IV é quem teve o sonho; ele sucedeu a Amenófis II, seu pai. Depois dele, em 1390 aproximadamente, temos Amenófis III, que é da época das cartas de Amarna, quando o Egito não manteve seu poder sobre a Palestina. Foi nessa época, cerca de 1390 a.C., que, conforme conta-se nas cartas de Amarna (guardadas no Museu Britânico), os egípcios perderam o domínio de algumas cidades-estado dentro da Palestina.

Nessa época também se fala de um povo que dominava aquela região. A Palestina não estava mais debaixo do poder do Egito, e o povo que ali estava era conhecido como "habiru", uma designação para os hebreus, uma possível indicação da invasão desse lugar pelos hebreus, sob o comando de Josué. É justamente nessa época que a História Geral descreve tais coisas; esses documentos escritos em pedras cuneiformes revelam o que vemos quando consultamos a Bíblia: é a mesma época em que Josué e os hebreus (os habiru) dominaram a região da Palestina e de Canaã. É a época em que o Egito perde seu domínio.

Estou fazendo esse paralelo para mostrar que as histórias da Bíblia encontram, em documentos extracanônicos, fora da Bíblia, comprovação histórica. Quando damos ouvidos a alguns liberais da escola de interpretação histórico-crítica das Escrituras, descrevendo o texto do Pentateuco, vemos que eles comentam as histórias como se elas nunca tivessem acontecido — e, se aconteceram, foi de forma bem menos homérica e romântica.

"Onde já se viu Josué ter conquistado Jericó da maneira que conquistou, rodeando-a e depois gritando — e tudo caiu! Tente dar uma volta num edifício durante sete dias e depois grite para ver se ele cai. Não cai! Então, isso não pode acontecer, certo? Essas histórias todas foram inventadas para impressionar!", afirmam os liberais. A mesma coisa dizem com relação à ressurreição de Cristo. "Isso foi inventado pelos apóstolos, para que o povo acreditasse numa história fantástica e abraçasse romanticamente essas coisas, por fim tornando-se cristãos." É uma tentativa de desconstrução.

O que quero destacar é que não é apenas dentro das Escrituras, intracanonicamente, que encontramos esses fatos, mas extracanonicamente, usando a mesma cronologia histórica. Encontramos os mesmos fatos, com pequenas mudanças — por exemplo, a aproximação de nomes e datas; contudo, as histórias são as mesmas, e os eventos são muitos semelhantes. Assim, encontramos base para tudo isso que estamos dizendo.

Curiosamente, quando chegamos a Amenófis IV, vemos aquele que foi o primeiro a introduzir o monoteísmo no Egito. Alguns dirão que isso se deu por influência de outras religiões muito fortes e de povos muito fortes que viviam na vizinhança nessa época. Sabe que povo é esse? É o povo hebreu. O monoteísmo era um movimento forte, único em todo o mundo. Curiosamente, mais uma vez, alguns livros históricos descrevem a influência que o Egito recebeu em relação a esse assunto, especialmente Amenófis IV. Não sabemos se ele teve contato com o povo hebreu ou com os juízes, que são desse período — época de Sansão, Débora e outros juízes —, mas o ponto é que o monoteísmo quebra toda a história dos egípcios e todos aqueles deuses nos quais eles criam desde sempre

CAPÍTULO QUATRO

em Mênfis, Hermópolis, Heliópolis e Tebas, deuses de várias regiões e cidades; isso tudo agora é quebrado, e eles agora creem num deus só, o Sol.

Tendo todas essas coisas em mente, é interessante fazer algumas observações gerais. Vamos ao próximo capítulo.

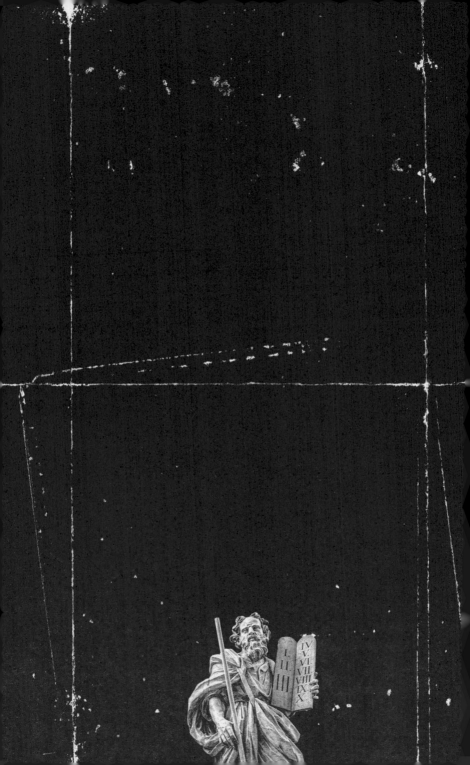

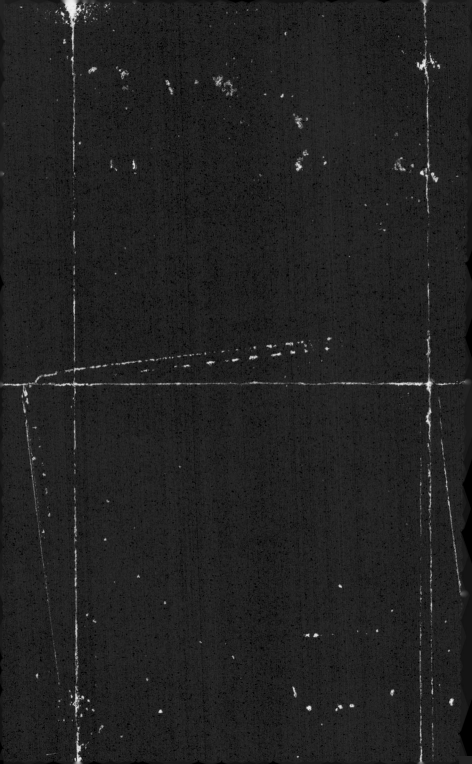

GÊNESIS: A ELEIÇÃO DA NAÇÃO

VAMOS REGISTRAR ALGUMAS OBSERVAÇÕES, começando com a palavra que denomina o Pentateuco na cultura judaica: *Torá*. É assim que o povo hebreu conhece o Pentateuco. Segundo Edward Young, a palavra "Torá" significa "lançar", ou "projetar", ou "orientar", ou "lei", ou mesmo "instrução". Segundo autores mais recentes que tenho lido, a ideia mais forte por trás da palavra "Torá" é a de *instrução*.

Hoje, ao falarmos "Torá", imediatamente associa-se seu significado a lei, mas, quando vamos ao Pentateuco, que é a Torá, temos em mente que Torá é a designação dos cinco primeiros livros da Bíblia hebraica pelos judeus; são os cinco primeiros livros da nossa Bíblia, aos quais também chamamos Pentateuco. Torá e Pentateuco são a mesma coisa. O problema é que Torá não é só lei, mas instrução sobre tudo que se pretende ensinar a um povo. Essa seção tida como legal, legislativa ("legal" no sentido dado pelos antigos judeus) não exclui porções, ou seções históricas, ou mesmo narrativas históricas, mas as inclui em tudo aquilo que é projetado como leis para o povo.

Essas narrativas históricas constituem o pano de fundo — na verdade, toda a legislação que é dada aqui. Sim, lei é dada na Torá: encontramos lei em Êxodo, em Levítico e em Números; em Deuteronômio, há um pouquinho; em Gênesis, quase nada (não vemos algo como "não toquem no fruto do conhecimento do bem e do mal"). Assim, no meio de toda lei que é dada, um pano de fundo é apresentado, e esse pano de fundo é o que nós encontramos no Pentateuco.

Onde há seções legais no Pentateuco? Encontramos a palavra "lei" em Josué; outro nome é dado a essa seção: *Livro da Lei*, *Livro da Lei de Moisés*. Todos esses são nomes para o Pentateuco — são designações da Torá encontradas no Antigo Testamento: *Livro de Moisés*, em Neemias; *Lei do Senhor*, em 1Crônicas; *Lei de Deus*, em Neemias; *Livro da Lei de Deus*, em Josué; *Livro da Lei do Senhor*, em 2Crônicas; *Livro da Lei do Senhor, seu Deus*, em Neemias; *Lei de Moisés, servo de Deus*, em Daniel. Todos esses nomes significam a mesma coisa: *Torá*. Tudo isso é o Pentateuco.

Onde encontramos a Lei propriamente dita? Em Êxodo 20—40, no livro todo de Levítico e em algumas porções de Números e Deuteronômio.

O vocábulo "Pentateuco", como nós o conhecemos, vem de duas palavras: *pente* e *theucos*, que, no grego, significam "cinco rolos", "cinco livros". A primeira pessoa (pelo que se tem conhecimento) a ter cunhado esse nome foi Orígenes. Tratava-se de uma das pregações de Orígenes, um pai da igreja, expondo o texto de João 4.25. Ele citou essa porção como a "Porção dos Cinco Volumes do *Pente theucos*, ou do *Pentos Theucos*". A coisa se perpetuou e virou *Pentateuco*, forma com que até hoje chamamos os primeiros cinco livros da Bíblia.

CAPÍTULO CINCO

Como já disse, a importância do estudo do Pentateuco é a de fundamento para tudo aquilo que se constrói após o Pentateuco: o conhecimento do Antigo Testamento, bem como do Novo Testamento. Muitos têm ideias preconcebidas com relação ao Pentateuco e divulgam essas ideias como fatos — tanto na esfera popular quanto na acadêmica. As pessoas acreditam em certas coisas sobre o Pentateuco e já saem por aí ensinando-as. É sempre importante que voltemos ao Pentateuco para compreender melhor o que esses cinco livros têm a nos ensinar.

Vamos analisar um pouco a formação do Pentateuco, começando por Gênesis. O livro de Gênesis é estruturado, no que diz respeito à sua forma, em torno da ideia das origens, por isso muita gente associa o livro de Gênesis a um livro de origens, ou das origens das gerações, ou das origens das genealogias. "Gerações" aqui não é um termo que faz referência apenas às famílias que vivem na terra, mas também carrega o sentido de algo que foi gerado, criado: geração dos céus e da terra; geração das plantas, dos vegetais, dos oceanos e dos animais marinhos. Geração no sentido de gerar, de fazer nascer.

A expressão para "geração", ou "família", carregando a ideia usada para esse termo, é *toledot*. Temos vários textos que nos levam a entender como isso se repete no livro de Gênesis: 2.4; 5.1; 6.9; 10.1; 11.27; 25.12; 36.1,9; 37.2. Em todos esses textos, o termo *toledot* aparece, às vezes traduzido por "gerações", às vezes por "história" ou "descendentes", ou ainda por "filhos de". Todas essas palavras estão ligadas à ideia de "origem". No que diz respeito à forma, esse livro de origens contém os relatos do trato de Deus em relação a dez grupos, ou dez entidades diferentes, ao longo do livro. Esses relatos são marcados pelo uso da palavra hebraica *toledot*. Essa é a estrutura literária do livro. Entenda como a mentalidade do autor trabalhou na hora de montar o livro.

Cada uma das seções trata do que aconteceu à pessoa mencionada, na *toledot* apresentada, e cada um dos que lemos fala de um — e, com exceção de um ou outro, de seus descendentes. Por exemplo: Gênesis 2.4 fala da *toledot* dos céus e da terra, descrevendo o que aconteceu ao Universo recém-criado e o que aconteceu depois disso; fala-se da criação de algumas coisas; da criação dos seres vivos e de como o pecado foi gerado nesse contexto. Em Gênesis 11, sobre a *toledot*, trata-se particularmente do filho de Tera, que foi Abraão, e da sua descendência, e assim por diante.

Assim, as cinco primeiras *toledot* tratam mais daquilo que é conhecido como "história primeva" no estudo e na teologia do Antigo Testamento; as cinco últimas falam da história mais patriarcal e do desenvolvimento histórico da aliança inicial em Javé e da aliança dele com o próprio Abraão.

A história primeva se estende desde a criação do Universo até o chamado de Abraão, no início de Gênesis 12. A partir desse momento, temos as outras cinco *toledot*, referindo-se a um desenvolvimento histórico da aliança de Javé com Abraão, por intermédio das linhagens que ele mesmo escolheu, através de Isaque e Jacó, assim perpetuando-as.

Um parêntese sobre o estilo

É preciso abordar um pouco o estilo desse livro: são vários. Encontramos tanto prosa quanto poesias ocasionais e paralelismo (relato da Criação); há alguns quiasmas (narrativa da Queda, torre de Babel). O quiasma é uma forma literária hebraica, alguns diriam poética, onde o primeiro ponto de determinado assunto será também o ponto que encerrará o assunto; o segundo ponto a ser tratado será o mesmo que o penúltimo; o terceiro será o mesmo que o antepenúltimo, e assim por diante. Contudo, as estruturas do quiasma não se dão apenas com sete pontos, como eu disse (primeiro e último, segundo e terceiro). Existem livros inteiros escritos em forma de quiasma. Imagine a dificuldade para entender isso. Há histórias contadas em forma de quiasma. O autor faz um esforço literário imenso para criar esse tipo de estrutura.

Uma estrutura de quiasma se dá, por exemplo, assim:

      Assunto 1
        Assunto 2
          Assunto 3
          Assunto 3'
        Assunto 2'
      Assunto 1'

É isso que o judeu considera poesia. Não há rima, métrica ou algo parecido, mas o judeu vê beleza nisso. Quando entendemos essa particularidade, começamos a procurar essas características: o livro de Salmos, por exemplo, está cheio de quiasmas. O livro de 1Crônicas é um quiasma. Vários provérbios e salmos são quiasmas.

Há também paronomásia, uma espécie de trocadilho — por exemplo, Caim é destinado a ser um *nud*, um errante, e acaba se instalando na terra de *Node*. Há muito disso no livro de Gênesis. *Nud* é errante; *Node* é errar. Caim, destinado a ser um errante, vai parar na terra do errar (ou do errado). É isso que está lá. No entanto, as traduções dizem que ele se tornou um errante e foi parar na terra de Node. Seria preciso traduzir os textos de forma que os compreendêssemos melhor.

Além disso, há muita utilização de números, algo bastante comum na literatura hebraica e no estilo de escrever dos hebreus: doze, sete, quarenta, setenta.

Sobre o título de "Gênesis"

Moisés nunca escreveu esse nome; esse é um termo grego, que vem da tradução grega do Antigo Testamento, chamada Septuaginta. Em Gênesis 2.4, vemos a expressão (*biblos geneseºs*), que significa "livro das gerações".

A Septuaginta é uma tradução grega do Antigo Testamento feita alguns séculos antes de Jesus nascer. Ainda no Império Grego, Alexandre, com a intenção de levar a cultura helênica (cultura grega) para todos os povos dominados, promoveu um trabalho fantástico de traduzir os livros de todos os povos para a língua grega e de ensinar o grego a esses povos, como uma espécie de tentativa de unir todas as línguas numa só, contribuindo para a universalização da língua grega, assim como hoje acontece com o inglês. Hoje, se quisermos traduzir um livro para uma língua que todos possam compreender, é preciso que essa língua seja o inglês. Alexandre quis fazer do grego, língua de todo o seu império, uma língua também universal, e conseguiu. Uma das coisas que ele promoveu foi traduzir para o grego o principal livro de todos os povos conquistados. Quando conquistaram o povo hebreu, este já tinha o Antigo Testamento antes de Jesus nascer; Alexandre traduziu o Antigo Testamento para o grego também. O nome dessa tradução é Septuaginta, e essa denominação se deve a uma história lendária de que 72 homens, em 72 dias, traduziram o texto. Quando juntaram as partes, elas estavam perfeitamente iguais. Assim, entenderam que isso era um sinal especial. Mas isso é considerado fictício há muitos séculos.

O fato é que existe essa tradução, e ela comporta em si não apenas os livros inspirados, os 39 do Antigo Testamento, mas também vários livros apócrifos e alguns pseudepigráficos, que eram lidos por alguns judeus. É nessa tradução que a gente encontra a palavra/título "Gênesis".

Algumas traduções feitas depois usando a Septuaginta, não o Antigo Testamento hebraico, acabaram mantendo a palavra "Gênesis", como a antiga tradução latina, chamada Vulgata, feita por São Jerônimo, que manteve o termo "Gênesis" no latim. Muitas das versões antigas foram baseadas no latim e elas perpetuaram "Gênesis". Hoje, ninguém mais usa o nome hebraico. Todos usam o nome greco-latino, assim como na Septuaginta e na Vulgata latina de Jerônimo.

Qual é o termo hebraico usado até hoje pelos judeus? נראשית — *bereshit*, que significa "no princípio". Essa é a primeira palavra que aparece na Bíblia hebraica, no livro de Gênesis.

Bereshit comporta quase duas palavras: a palavra *be* (preposição "em"), e *reshit*, que vem de *rosh* (cabeça). Logo, a palavra trata do momento em que a criança está vindo à luz, quando a primeira parte que sai do corpo da mulher é justamente a cabeça. Ainda hoje, os judeus comemoram um feriado chamado *Rosh Hashanah*, que significa "cabeça do ano", feriado judeu do início do ano.

Gênesis, a despeito de não ser um título abrangente para a totalidade do conteúdo do livro, serve razoavelmente bem ao propósito que se pretende com um livro de origens, de começos, da origem do mundo, da raça humana, do conflito do homem com o mal, da origem da linhagem eleita de Abraão, da origem da promessa da graça de Deus, o qual enviaria o descendente da mulher para pisar a cabeça da serpente. Então, trata-se da origem de tudo aquilo que era e do que viria após; a origem de todas as coisas.

Encontramos muita história e muitos relatos curiosos quando olhamos para o livro de Gênesis: no começo do livro, temos a origem de todas as coisas. Depois, dentro da origem dessas coisas, quando "no princípio criou Deus os céus e a terra", "no princípio" é o momento, que ele não diz *quando* ou *como* foi, em que se criou tudo que está nos céus e na terra.

O que vem na sequência, a partir do versículo 2, é um detalhamento dessas coisas que foram criadas. O objetivo era desconstruir a ideia de que essas coisas criadas eram divindades em si mesmas. Gênesis, portanto, diz que o Sol não é divino, que a Lua não é divina, que o mar não é um deus, que a terra não é um deus, que a neblina que sobe da terra, o vapor e a umidade também não são deuses. No Egito, cria-se que tudo isso eram deuses. Deus diz, no capítulo 2, a partir do versículo 5, que era ele que fazia subir a neblina e a umidade da terra; ele regava a terra; dessa umidade que regava a terra ele fez o homem. É como se Deus dissesse: "Eu sou o Deus acima da neblina, da umidade, do vapor, da chuva, da terra, do barro, das águas, dos astros. Eu sou o Deus por trás de todas as coisas que vocês estavam acostumados a adorar no Egito. Nenhuma dessas coisas é divina; todas são obras das minhas mãos. Aliás, vocês são maiores do que a terra, do que as águas, do que os astros, maiores do que todos os animais, do que a chuva e a neblina, porque eu coloquei em vocês a minha imagem e semelhança."

Deus dá outro significado à humanidade naquela época. "Vocês estão achando que tudo isso é deus, mas tudo isso é menor do que vocês. Vocês têm que deixar de acreditar em

CAPÍTULO CINCO

tudo que acreditaram até hoje e passar a adorar ao único Deus criador dos céus e da terra."

Nesse sentido apologético, em que Deus se aproxima dos homens, ele inicia tudo dizendo que, num princípio, que não sabemos quando ou como foi, ele criou absolutamente todas as coisas existentes nos céus e na terra.

É possível partirmos do pressuposto de que o "no princípio" de Gênesis 1.1 é muito anterior ao início das demais coisas descritas nos versículos seguintes.

Quando Deus cria todas as coisas, ele cria tudo nos céus e na terra. Quando ele diz, depois, que criou a terra, já não temos registrada uma sequência cronológica, mas uma explicação do que estava contido no versículo 1. No versículo 1, está tudo criado. Quando Gênesis passa a falar dos dias da criação e do que é criado em cada dia, na verdade essa narrativa é, muito provavelmente, um detalhamento do que já estava criado.

É possível que algumas coisas não estivessem ali no início. Há uma distância, que não sabemos de quanto é, entre o "no princípio" de Gênesis 1 e a criação daquela terra habitada do jardim, no qual o homem é colocado.

É aqui que alguns teólogos evolucionistas encontram base para descrever que entre o "princípio de todas as coisas" e a "criação do homem" possivelmente ocorreram alguns milhões de anos. Não temos base bíblica para dizer que eles estão errados, porque de fato a Bíblia não descreve quanto tempo existiu entre o "princípio de tudo" e a descrição das coisas feitas dentro do mundo criado — pelo menos da terra, que é o que ele faz ali, na narrativa dos versículos a respeito da criação dos dias.

Após registrar a origem de tudo, Gênesis descreve o começo de cada coisa. O começo das plantas, da terra, da divisão das águas, do homem, dos animais etc. Nesse começo detalhado de cada coisa, podemos nos sentir como olhando para um quadrado: você chega mais perto desse quadrado e começa a perceber que dentro dele há um monte de quadradinhos; aproximando-se mais, vê quatro quadrados que antes você não via; aproximando-se mais e mais, você percebe que dentro desses quatro quadrados há outros quatro quadrados. É mais ou menos isso que o autor de Gênesis está fazendo.

Ele quer mostrar a origem de tudo; depois, mostrar a origem de algumas coisas separadas; depois, mostrar a origem de outras coisas ainda menores. Na origem do homem, por exemplo, ele mostra a origem do mal que está dentro do homem; antes, não estava, mas agora está, porque o pecado entrou e se misturou à própria natureza do homem. Gênesis descreve como é a ligação entre a natureza do pecado na humanidade e a natureza da humanidade antes sem pecado. A humanidade não tinha vergonha; havia comunhão com Deus. Homem e mulher se aproximavam de Deus, e tudo ia muito bem.

Aquilo que se pretende restaurar no novo céu e na nova terra existia em abundância num primeiro momento, até que a natureza santa se perde.

Como seria multiplicar e encher a terra com seres humanos dotados daquela natureza santa? O próprio ato de ter filhos e de gerar filhos seria um encher a terra da glória de Deus. Eu e minha esposa teríamos filhos santos. E esses meus filhos, quando crescessem e tivessem filhos, esses meus netos seriam santos. À medida que eu começasse a me espalhar e a humanidade começasse a se espalhar e a multiplicar, a humanidade encheria a terra da glória de Deus, de pessoas à imagem e semelhança do Senhor. A glória do Senhor encheria a terra.

CAPÍTULO CINCO

Agora, porém, com mais uma geração, com mais um início, que é o início do pecado, o que nós temos não é mais a geração de gente santa, mas de gente como a gente. Agora o filho de Adão e Eva não tem mais a imagem de Deus apenas, mas a natureza pecaminosa que seus pais contraíram quando desobedeceram ao Pai pela primeira vez.

Agora Adão e Eva multiplicam não apenas aqueles à imagem e semelhança de Deus, mas aqueles que são sua própria imagem e semelhança; logo, Caim, Abel, Sete e os demais são feitos à imagem e semelhança de Adão também, carregando uma natureza pecaminosa que Deus não tem.

Sobra imagem e semelhança de Deus no homem? É óbvio que sobra! É por isso que amamos; que somos capazes de perdoar, mesmo não tendo temor a Deus em nossa vida. É por isso que somos capazes de encontrar paz e esperança em coisas que não têm nada a ver com Deus. É porque ainda sobra um resquício de imagem e semelhança de Deus em nós. Mas muito se perdeu, muito se manchou; o que se multiplica não é mais santidade, mas natureza pecaminosa. E é por isso que, quando você, eu e toda a humanidade temos filhos, o que se perpetua não é a santidade, mas a pecaminosidade presente, originada na natureza pecaminosa dessa humanidade.

Ter e criar filhos não será mais algo santo, de glória, mas uma dor. E isso é dito a Eva. Quando Deus diz: "Em meio a dores dará à luz filhos", a ideia de dar à luz não é simplesmente a do parto, porque a cesariana teria acabado com Gênesis. O ponto não é apenas o momento do nascimento, mas tudo aquilo que está ligado à geração de filhos. A geração de um filho não se dá apenas tendo-o e jogando-o no mundo, mas educando-o, criando-o, ensinando-o, alimentando-o. Fazer isso, ou seja, gerar e criar um filho, seria algo que aconteceria em meio a dores — não só no momento do nascimento, mas ao longo de toda a vida.

Por quê? Porque essa criança terá natureza pecaminosa como nós, por isso será tão difícil. O texto bíblico original abre um pouco mais a lente, para que possamos compreender mais daquilo que, aparentemente, a tradução brasileira nos apresenta. Não se trata apenas do momento da dor do parto. É uma dor do parto e da criação. E é por isso que hoje, quando você vê seu filho e sua filha, que não aprenderam a mentir, mentindo para você, isso entristece o seu coração. Quando vê um filho aborrecendo tanto você, naquela fase da "aborrecência", isso se dá porque esse filho carrega algo que herdou de nós. A natureza pecaminosa não é tirada de nós, nem mesmo na conversão.

Você sabe disso, porque, quando se converteu, não deixou de sentir vontade de pecar. Deixou? A Bíblia nos apresenta o dia em que a natureza pecaminosa será totalmente destruída; e não é apenas no dia da morte, porque a morte não nos torna perfeitos, visto que na morte perdemos o corpo — e o homem perfeito é o homem com o corpo. O homem perfeito é o homem feito pelas mãos do Criador, do pó da terra. Esse é o homem perfeito. O homem sem corpo não é um homem perfeito. É por isso que a Bíblia nos apresenta, no final dos tempos, Deus nos dando um novo corpo, um corpo glorificado, para que sejamos homens e mulheres perfeitos.

Aqueles que não têm corpo não são homens. Por isso, não seremos anjos, não seremos fantasmas; e é por isso que até mesmo aqueles que já morreram aguardam o dia da segunda vinda, quando terão o corpo glorificado e enfim serão homens perfeitos, mulheres perfeitas, com corpo, carne, sangue, articulações, veias, artérias, cérebro, língua, olhos — tudo glorificado, tudo perfeito, capaz de viver na presença de Deus, de brilhar como

CAPÍTULO CINCO

Jesus Cristo disse: "como sol ao meio-dia". Eu não seria capaz de ver você sem morrer, porque a glória do corpo que Deus lhe dará é impossível de ser vista sem que Deus me dê olhos glorificados.

Tudo isso Adão tinha, mas perdeu. O que se perpetuou naquela "origem", na "gênese" do pecado, foi o pecado. Deus poderia ter feito o que eu faria se estivesse no lugar dele. E ainda bem que Deus não é como eu. Quando fazemos alguma coisa e ela não dá certo, não ficamos preocupados em consertar. Quando fazemos alguma coisa e ela quebra, nós a jogamos fora (ou a desmanchamos e fazemos de novo). Dificilmente alguém que trabalha com alguma coisa a refaz quando ela não dá certo.

Se eu tivesse sido o criador e Adão e Eva tivessem feito comigo o que fizeram com Deus, eu teria matado os dois e feito outros dois novos, do barro também, da costela também; e teria uma história para contar à minha nova criação. Eu diria o seguinte: "Estão vendo aquele monte de barro ali? Se cavarem, verão pessoas iguais a vocês. O homem é o Adão; se você cavar um pouco mais para o lado, vai ver a mulher dele, Eva. Eles são iguais a vocês. Estão vendo aquela árvore ali? Adão e Eva estão aqui porque colocaram a mão naquilo ali e comeram. Se vocês fizerem a mesma coisa, vão morrer também." Não seria mais didático? Deu errado? "Finaliza." Faz de novo!

No entanto, é ali que vemos a gênese da graça de Deus, a origem da misericórdia, desse atributo que perpassa toda a Bíblia. São 66 livros que descrevem a graça de Deus. Não existe outro igual nem pode existir tamanha misericórdia, a ponto de Deus ir a esses dois, realizar o primeiro sacrifício de um animal e vesti-los, para que pudessem estar na presença de Deus, o qual iria ouvi-los, falar com eles — não apenas falar uma palavra de denúncia e de desgraça que os atingiria como consequência de seu pecado, mas também a palavra de graça e a promessa de um redentor, promessa que deveriam guardar no seu coração. Eles deveriam ter fé: um dia aquele homem da promessa viria.

Com o progresso da revelação, o descendente da mulher teve outros nomes: o descendente, o rei, o príncipe, o filho, o messias, o ungido, o servo — nomes que aludiam à figura do Deus Filho que viria; o descendente da mulher que esmagaria a cabeça da serpente. E o povo creu ao longo de toda a história! Mas qual foi a origem disso? Gênesis também.

Gênesis nos apresenta não apenas a origem ou a Criação, a origem do pecado, mas também a origem da graça. Não que a graça tenha nascido ali. Deus é graça, e a graça, por ser divina, é eterna, mas nos referimos a sua origem quando ela é derramada sobre nós. Isso também está em Gênesis.

Gênesis é um livro para ser pregado hoje? É óbvio que é! Nele nós encontramos muito da compaixão, da compassividade, da misericórdia, da longanimidade e da intenção de Deus de resgatar essa humanidade perdida. Ao longo do livro de Gênesis, tantas e tantas vezes o homem dá as costas para Deus reiteradamente, e o Pai continuamente vem, derrama-se e literalmente desce para encontrar alguns desses homens e ensinar-lhes o caminho de volta a si mesmos.

Até que não era mais possível fazer isso.

Encerro este capítulo com esta reflexão: criamos, no quintal da nossa casa, um bicho, uma formiga que voa e que nada. Demos a ela o nome de Tétrus. Tétrus é a nossa alegria; até que um dia Tétrus fugiu de casa; nossa formiga voou para o quintal do vizinho, porque ela tinha asas. No quintal do vizinho, havia uma fogueira acesa. Fomos lá e dissemos a Tétrus: "Volte pra casa." Mas ela não ouve. Damos nossa mão a ela, mas ela pula da nossa mão.

CAPÍTULO CINCO

Foi isso que Deus fez com o seu povo. Ele grita do céu; sua voz parece um trovão para aquela formiguinha, que é seu povo, e o povo não o ouve. Criam-se meios; influenciam-se outros. Agora Tétrus se multiplicou e é um monte de formiguinhas; o Criador pede que aquelas que o ouvem falem com o restante, mas o restante não quer ouvir. Até que, no Novo Testamento, vemos que aquele que criou Tétrus decidiu tornar-se uma Tétrus, uma formiguinha, para olhar na face de todas as formiguinhas criadas e dizer: "Vocês estão indo para o fogo, e isso vai matar vocês. Mas creiam em mim, porque sei que parece loucura acreditar que fui eu que criei vocês, porque vocês já estão tão longe de casa que nem mesmo são capazes de perceber o perigo em que estão; mas, se acreditarem e me seguirem, vou levar vocês de volta para casa."

A história da redenção e do resgate da humanidade começa com Gênesis, no qual encontramos o Criador falando com os homens, colocando as mãos, literalmente, no monte, escrevendo em pedras, numa linguagem que os homens, que são menos que formigas, pudessem ler e voltar; mas ainda assim o nosso coração permanece duro e obstinado.

A graça de Deus, que nasce em Gênesis, não terminou; Deus é o mesmo ontem, hoje e o será eternamente.

Que Deus nos dê graça, para que compreendamos cada vez mais esse livro e essas histórias, a fim de que eles não apenas sejam conteúdo para a nossa formação intelectual, mas que nos levem à piedade, à gratidão, ao louvor, à adoração a Deus, que nos alcançou como um dia fez com Abraão, Isaque, Jacó, Moisés e todo aquele povo. A libertação que Deus deu a eles foi a libertação que ele deu a você e a mim. Que o conhecimento de tudo isso produza em nós um coração que bendiga ao Senhor. Amém!

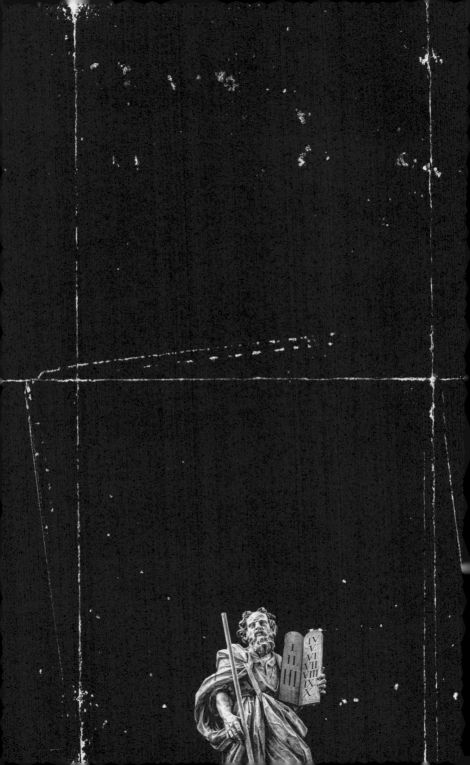

ÊXODO: A LIBERTAÇÃO

A PARTIR DE AGORA, começamos a caminhar pensando um pouco no livro de Êxodo. Já analisamos o contexto religioso, apologético, autoral e histórico do Pentateuco e, por consequência, a base de tudo aquilo que é o Antigo Testamento e o Novo também, visto que, a partir do livro de Josué, tudo se fundamenta em Moisés: os profetas, os homens que escreveram os livros de sabedoria, os homens que Deus usou para escrever o Novo Testamento — tudo se fundamenta nos cinco primeiros livros da Bíblia.

Estudamos o livro de Gênesis e meditamos um pouco sobre ele; dele tiramos algumas aplicações práticas para o nosso estudo pessoal, para a pregação e o aconselhamento.

Assim, em Êxodo 1, dos versículos 2-7, destacam-se algumas famílias. Em todo o início do capítulo 1, vemos os descendentes de Jacó e como estes entraram na terra e se comportaram naquele primeiro recorte da história, até que chega o momento em que as parteiras recebem a ordem do faraó, também na segunda metade do capítulo 1, para matar as crianças dos hebreus, porque eles eram muito numerosos e fortes. Elas mentem ao faraó e não fazem o que ele ordenou, e Deus curiosamente as abençoa. Ali nasce a história de Moisés, que você conhece bem.

Registro tudo isso com a finalidade de apresentar alguns elementos que nos auxiliem a aprimorar nossa exposição bíblica. Se você não é um expositor da Palavra, não há responsabilidade de pregá-la domingo após domingo nas igrejas; então, que este estudo possa servir para seu desenvolvimento pessoal, para aconselhamento, para o discipulado que você conduz com alguém, para a aula que você ministra na igreja. O objetivo da Palavra de Deus não é apenas encher a nossa cabeça com informações que não são práticas e usadas para nada em lugar nenhum; tudo que aprendemos, sejam elas coisas fáceis ou difíceis, coisas possíveis de ensinar a uma criança ou aos adultos, tudo tem como objetivo levar o nosso coração para mais perto do Pai e fazer que compreendamos melhor o Deus que se revela por meio da Palavra.

Há quem diga que a Palavra de Deus é tão simples que é possível que você a ensine a uma criança e a criança a compreenda e a ame; mas a Palavra de Deus também é tão complexa que você pode passar a vida toda se especializando, cursando doutorados e pós-doutorados, e ainda assim não a compreender. Essa é a riqueza e a beleza da revelação de Deus.

A Bíblia não é um livro humano, porque, se fosse, poderíamos gastar alguns anos pesquisando-a, estudando sua literatura, o caráter linguístico por trás de sua redação, seu autor e o contexto no qual ele escreveu, além do espírito de sua época, e daí tentar tirar o máximo que pudéssemos desse livro, ou desses livros.

A Bíblia, por não ser um livro como os demais que estão à nossa disposição nas livrarias e que carregam, dentro dos gêneros literários, algum dentre os mais diferentes que estão

CAPÍTULO SEIS

hoje à nossa disposição (romance, ficção, policial e tantos outros), tem um caráter específico, que é o de ser uma revelação; esse, sim, é, dentro da literatura, um gênero literário no qual podemos classificar o Alcorão e outros livros considerados pelas religiões mundo afora.

A Bíblia, dentro da literatura, também é colocada nesse bojo como um livro de revelação. Quando estamos diante de um livro assim, precisamos compreendê-lo. Sabemos que os outros livros não o são, mas a Bíblia é de fato a revelação de uma divindade, única e eterna, que quis se comunicar com os homens e se fazer conhecida deles.

Por meio da revelação, podemos começar a compreender quem é esse Deus e a importância dessa compreensão; podemos ver como ele nos traz de volta para si; como ele deseja que nós conheçamos seus atributos, suas características, suas qualidades; como ele deseja que conheçamos sua história, embora ele não possa, como disse Agostinho, ser enquadrado em uma, porque é eterno. Sua história está além da eternidade, mas podemos compreender aquilo que ele era, que é e o que ele será na perspectiva do que cabe em nossa capacidade finita de compreensão do tempo, do espaço e da história.

Esse Deus quis nos dar o máximo dele que pudéssemos compreender, mas ele não é aquilo que podemos compreender; ele é mais do que podemos compreender. Por mais que você gaste a vida estudando e lendo sobre esse Deus, por mais que ache que sabe tudo sobre esse Deus, você morrerá e estará muito, muito longe de chegar perto do mínimo conhecimento de Deus — mesmo assim, você será a pessoa que mais conhece sobre ele neste mundo. Nem a eternidade será suficiente para nós o conhecermos.

Por que, então, começar se é impossível chegar ao final? Porque conhecimento gera amor. Especialmente quando o objeto estudado é um objeto amável, belo, agradável. E Deus é, sim, alguém que, quando é conhecido, encanta.

Se olhamos apenas para a criação de Deus, ela já nos encanta. Se olhamos apenas para os traços, ou as pegadas, ou os detalhes que a criação de Deus nos aponta, já ficamos encantados.

Moro no interior do estado de São Paulo, um lugar onde não há praia e mar; só rio, e rio escuro. As praias do estado de São Paulo são todas de um tom verde-escuro, às vezes azul-escuro, às vezes marrom, dependendo da região, da época do ano e da chuva. Quando vou a um lugar de praia, como quando fui a Fortaleza, vejo tons de azul tão diferentes, tão claros... Já me disseram que há outros tons muito mais bonitos do que esses. Fico imaginando o poder e a grandeza desse Deus, expressos na criação. Quando penso naqueles animais marinhos gigantescos aos quais assisto em canais de televisão e documentários e penso que eles estão ali dentro do oceano, com todo o universo que ali existe, fico encantado! Quando penso sobre os microdetalhes, fico extasiado! Gosto muito de biologia. Lembro-me de ter estudado em algum livro, ou visto num microscópio, a riqueza por trás de uma folha, ou mesmo a riqueza e a complexidade da engenharia de uma minúscula célula. Vejo engenhosidade, arquitetura e uma inteligência absurda naquilo: automação, robótica. Engenharia de primeiríssima qualidade.

Quão grande é Deus! Quão grande! Mar, montes, astros. Deus é grande.

Aquilo que Deus permite que conheçamos sobre ele na criação é tão grandioso, tão maravilhoso, que até os ímpios percebem isso.

CAPÍTULO SEIS

Fiz uma viagem no último ano do ginásio, hoje ensino fundamental. Na minha época, quando se chegava à oitava série, fazíamos uma viagem. Fomos todos para a praia, uma turma de 38 alunos mais ou menos, com alguns coordenadores e professores. Havia uma professora que era a mais querida pelos alunos. Essa professora era desbocada, falava palavrão; era aquela professora popular, uma senhora, e todos gostavam do jeito dela. Era engraçada, e suas aulas eram muito legais. Todos entendiam o que ela falava! Eu não era crente nessa época, e não havia nenhum cristão na minha classe. Na viagem, acabei me sentando ao lado dela (e ela roncou a viagem toda!). Quando chegamos à praia de Caraguatatuba, indo para Ubatuba, onde ficaríamos, ela acordou. Todos também acordaram e ficaram olhando para a praia de Massaguaçu. Foi nesse momento que a professora viu a paisagem, levantou-se e soltou palavrões em meio a frases: "[Palavrão!] Como é possível [outro palavrão] alguém imaginar que não existe um Deus [outro palavrão]?!" Todos riram.

Ela não tinha o temor de Deus, não era cristã, mas até os ímpios, que não têm uma vida piedosa, de oração, de leitura da Palavra, de serviço aos irmãos na fé, de comunhão com as pessoas, são capazes, ainda que longe de Deus, de reconhecer um dedo desse Deus na criação. Mesmo aqueles que nunca ouviram falar de Deus reconhecem que a criação deve ser obra dele; essas pessoas vão a algumas regiões mais ermas do nosso país, no meio das florestas, por exemplo, e lá são capazes de reconhecer Deus em tudo.

Tenho muitos amigos que trabalham na MEVA — Missão Evangélica da Amazônia. Nossa igreja sustenta um missionário ali e ele foi meu colega de turma. Um tempo atrás, pregando na cidade de Boa Vista, em Roraima, compartilhando com alguns missionários, estes falaram sobre experiências de encontrar, em tribos, pessoas que reconhecem nas árvores uma divindade. Ou em tudo aquilo que a gente já sabe: na Lua, num trovão... Quando eles veem a grandeza por trás dessas coisas, não são capazes de imaginar que existe alguém maior que as criou.

Como a natureza é o máximo que podemos conhecer, deduzimos que o Sol deve ser um deus e que o trovão deve ser sua voz; as demais coisas criadas devem ser uma extensão dele: um braço, uma perna, a cauda... Alguma coisa que a gente não sabe o quê.

Deus de alguma maneira tenta se mostrar a nós. No estudo teológico, chamamos isso de "revelação natural", ou "revelação geral", ou seja, a maneira de Deus se mostrar à humanidade. Embora o homem, por meio dessas coisas, não seja capaz de chegar ao conhecimento da salvação, ele pode chegar à conclusão da existência de Deus. Paulo fala sobre isso em Romanos: ele diz que todos os homens são indesculpáveis, porque têm as obras da natureza que lhes apontam o caminho de que existe um Deus. Que Deus é esse, isso não sabem. Que há um Criador e uma salvação, menos ainda. Por isso, há a necessidade da pregação do evangelho da Palavra, para que os homens se convertam, creiam e sejam salvos.

Por mais que Deus se mostre na natureza e por mais que sejamos capazes de compreender traços de sua pessoa, de sua sabedoria, engenhosidade, intenção estética e outras coisas mais, ainda assim não somos capazes de chegar a certos aspectos mais pessoais, especiais ou específicos desse Deus criador.

Daí vem a revelação especial. Vem a Palavra. Mas a Palavra de Deus vem por qual razão? Ela não vem com o objetivo de

CAPÍTULO SEIS

encher a nossa cabeça de conteúdo intelectual, científico, teológico, para depois dizermos isso aos outros, que vão se encantar com nossa oratória difícil de compreender. Não é para isso. A Palavra de Deus nunca nos foi dada com o objetivo de nos fazer pessoas inacessíveis, incompreensíveis e que não sabem como aplicar e praticar o conteúdo das coisas aprendidas.

Sim, Deus deseja que dominemos tudo que foi criado. Isso está no mandato cultural, no início de Gênesis. Temos que conhecer a criação e dominá-la. Há pessoas que reduzem isso a colocar um freio e um cabresto na boca de um cavalo. Mas dominar a criação não significa saber como pegar na cabeça de uma serpente, como pescar um peixe nas profundezas, como dominar um javali ou um elefante e usá-los numa guerra. Não é esse tipo de domínio. O domínio sobre o qual Deus nos fala em Gênesis é o domínio cognitivo, é o conhecimento sobre tudo que Deus criou e sobre como podemos usar tudo que Deus criou para sua própria glória.

Assim, começamos a entender a relação do povo de Deus com a cultura. Que cultura? Quando se fala do relacionamento do cristão com a cultura, imediatamente pensamos em músicas, *shows*, quadros, pinturas. Quando se fala do relacionamento do cristão com as artes, logo se pensa em teatro, cinema ou política, na melhor das hipóteses. Mas artes vão muito além de pintura, teatro, cinema, música e coisas afins. As artes comportam em si a ideia da matemática, que é uma arte, da biologia, da física, da astronomia, da medicina, que são artes a conhecer, a dominar e a ser usadas para a glória de Deus.

Até onde vai a relação do cristão com a cultura? Ela não se manifesta só na maneira com que esse cristão sabe lidar com música; não apenas em saber identificar numa pintura aquilo que glorificou a Deus ou não, mas também na capacidade que ele tem, no seu próprio coração e na intenção em sua alma, de estudar as coisas que estão à sua disposição, para que possa saber como glorificar a Deus nessas áreas.

Quando falamos de teologia, pensamos: *Para que serve a teologia? Ela é também uma arte?* Em alguns países, quando você conclui os estudos no seminário, o diploma que recebe no final não é o de bacharel em Teologia, mas de bacharel em Artes. Qual arte? Arte teológica, das letras, da química, da física, da música.

Quando compreendemos a teologia dentro do campo do conhecimento das artes teológicas, entendemos que precisamos dominar as coisas que foram criadas por Deus e que nos são apresentadas por meio da Revelação.

No entanto, com qual objetivo Deus espera que dominemos o conhecimento teológico do Pentateuco e dos demais livros da Bíblia? Com o objetivo de sabermos como usar tal conhecimento para abençoar a vida de alguém. Como isso levará nosso coração a ser mais temente a Deus? Como esse conhecimento fará dos nossos momentos a sós com Deus mais produtivos, em vez de secos e vazios, quando entramos e saímos desse cenário e nada muda em nossa vida? O que pode fazer a diferença? A diferença se dá quando mergulhamos no conhecimento de quem é Deus. Quando amamos alguém, precisamos conhecer esse alguém. Conhecendo esse alguém, teremos elementos que nos auxiliam a falar dele para outras pessoas.

Ao nos apaixonarmos por alguém, queremos saber mais dessa pessoa, queremos falar com esse alguém, ouvi-lo, trocar uma ideia, ser amigo. Às vezes, o outro já sabe que não é só amizade, mas alguma coisa a mais, que pode chegar ao casamento.

CAPÍTULO SEIS

Contudo, às vezes é o oposto: o outro não percebe. De repente, vocês começam a orar, a namorar; estão se conhecendo. De repente, o conhecimento é construído por meio de falar e de ouvir, da maneira mais informal do mundo. Um relacionamento amadurece à medida que a outra pessoa sabe quem você é e você sabe quem a outra pessoa é.

Você não ama uma pessoa só por causa do cabelo ou da estética corporal dela; isso não é amor. Se for por isso, quando ela ou ele perder aquele corpo e envelhecer, você deixará de amar essa pessoa. Você não amou; apenas se interessou por um produto, por um objeto que quis usar enquanto era útil, mas que envelheceu e não presta mais, não serve mais. Isso é amor?

Você pode amar alguém tão somente porque essa pessoa lhe proporciona uma condição financeira boa. Você vai morar num lugar legal e passear de carro bacana. Mas isso é amor? Quando a pessoa perder o emprego ou os bens, você vai deixar de amá-la, pois não era amor pela pessoa, e sim pelo dinheiro, pelo carro, pelos bens, pela posição. Você amava o que os outros pensariam de você por estar com aquela pessoa. Isso não é amor. Essas coisas acabam. Isso não vem de Deus. É egoísmo. É querer usar as pessoas como se usam as demais coisas que Deus criou. É até mesmo idolatrar a criação em lugar do Criador. Quando se ama de verdade, ama-se independentemente da conta bancária, da aparência.

Quando se apaixona por uma pessoa, você gosta dela; acha-a bonita. Seu amigo ou sua amiga falam: "O que você viu nessa pessoa?" Você viu alguma coisa. Não raro, somente você e a mãe da pessoa enxergaram isso nela. Sei dessas coisas, porque sou casado. Há detalhes na minha vida que só minha esposa e minha mãe viram. Tenho plena convicção disso.

Quando amamos alguém, queremos conhecer esse alguém. Na época em que comecei a namorar a minha esposa, não havia WhatsApp ainda, nem *e-mail*. Trocávamos bilhetes, cartas, SMS. Eu me lembro de que, quando mandava essas mensagens, eu ficava esperando uma resposta. Fico imaginando os casais de hoje... Aconselhando um ou outro na igreja em que sou pastor, escuto: "Pastor, eu mandei a mensagem. Vi que ele/ela entrou no celular, porque o aplicativo sinalizou! Ficou azul tal hora. Quando fica azul, é porque a pessoa viu. Mas ele/ela não respondeu até agora. Pastor, está aqui o horário! O que você acha que está acontecendo?" Eu não sei.

Quando você se envolve com alguma coisa ou alguém, espera que haja uma resposta daquela pessoa. Nos negócios também funciona assim: você envia uma mensagem e espera que a pessoa responda.

Imagine que estamos diante de um Deus que não precisa de dois tracinhos azuis; ele sabe quando você recebe ou não alguma coisa que ele queira lhe dizer. Curiosamente, quando recebemos alguma coisa que vem de Deus, espera-se que respondamos, não que deixemos Deus "no gelo". Ele fala, e a gente não responde. Dali a uma semana, ele volta a falar, e nós, nada. Se em vez disso existir um relacionamento entre nós e ele e, à medida que ele nos ensina e nos fala, nós respondemos, interagimos, o que acontece é um amadurecimento desse relacionamento. E é exatamente isso que Deus espera de nós.

O conhecimento que Deus espera que tenhamos não pode ser meramente intelectual, filosófico, teológico, seco, sem vida. Não pode ser ortodoxia morta. Deus, para ser glorificado por meio de todo este estudo, precisa ser adorado enquanto o estudo é realizado. E isso não se refere apenas a este cenário, mas aos demais, seja no seminário, seja em nossa igreja, seja com alguém. Precisamos nutrir em nossa alma o espírito de adoração enquanto ouvimos o ensino de alguém, pensando naquilo, orando pelas partes mais difíceis, agradecendo por coisas novas que estamos aprendendo, o tempo todo interagindo com aquele que quer nos ensinar e se revelar a nós.

Esse alguém que quer nos ensinar não é o professor. O professor é só um escravo, um servo que tem o dever de ser fiel ao dono da Palavra — se ele for infiel, vai sofrer muito por causa disso um dia.

O objetivo de todo este estudo é que interajamos com Deus durante e depois, em respostas e perguntas, e em novos estudos. Isso nos fará amadurecer e nos dará elementos que auxiliem nossa pregação pública, nossa exposição, nossos aconselhamentos e discipulado, ou mesmo nosso estudo pessoal, o ensino dos nossos filhos, o discipulado da esposa, do namorado, do marido, da namorada, do sogro, da sogra, do pai, da mãe — tudo isso explodirá em nós à medida que aprendermos as coisas com o coração cheio de louvor pelo Senhor.

Tudo que temos estudado aqui tem esse objetivo. Espero que você, leitor, receba isso dessa maneira, com o coração cheio de gratidão a Deus por aquilo que ele nos permite saber em sua Palavra. Leve isso adiante, para a sua vida, enquanto estiver ouvindo pregações e aulas.

O título de Êxodo

O livro de Êxodo tem, como título original וְאֵלֶּה שְׁמוֹת, *we'elleh shemot*, em hebraico, que significa: "Estes são os nomes de." É o que lemos em Êxodo 1. Esse é o título que até hoje os hebreus dão a esse livro. Era o título que Jesus dava ao livro de Êxodo, bem como os apóstolos. Essa mesma expressão aparece em Gênesis 46.8, e o que temos em Êxodo 1.1 é uma continuação daquela saga iniciada e apresentada no livro de Gênesis.

Estamos diante de uma estrutura literária que pretende ser coesa e coerente. Não são, portanto, dois livros. Não se trata de uma interrupção abrupta. O que temos é uma continuação daquilo que se passou. Precisamos ler o livro de Êxodo com isso em mente.

De onde vem o título *Êxodo*? Vem da Septuaginta. Nela, vemos a expressão ἔξοδος (*exodos*), que significa "partida" ou "saída".

Quem é o autor do livro de Êxodo? Normalmente se reconhece *Moshe* como autor, ao qual chamamos de *Moisés*, o qual não é um nome hebraico, mas egípcio; ele vem das antigas designações dadas aos líderes do Império Egípcio.

Textos sobre a autoria de Êxodo

Há vários textos que confirmam a autoria interna de Moisés: Êxodo 17.14; 24.4; 34.27; Josué 8.31, dentre outros. Em Marcos 7.10, por exemplo, vemos uma citação interessante: "Porque Moisés disse: Honra a teu pai e a tua mãe; e quem maldisser, ou o pai ou a mãe, certamente morrerá" (ACF).[1] Quando Jesus cita essas palavras, está citando Êxodo 20.12, no que se refere à seção dos Dez Mandamentos. Em Marcos 12.26, Jesus está citando Êxodo 3.6. O próprio Jesus cita o livro de Êxodo. Jesus aplica seu conhecimento sobre o livro de Êxodo e menciona a autoria de Moisés.

O autor estava muito familiarizado com o contexto. Ele fala sobre o maná, em Êxodo 16.31, dando características específicas desse alimento.

CAPÍTULO SEIS

Em Êxodo 13.17, o autor dá características da ocupação dos filisteus na faixa litorânea entre o Egito e Canaã. E como é possível que alguém que não viveu tal momento descrevesse esses fatos em um tempo futuro? Os filisteus não estiveram ali sempre. Durante algumas guerras e invasões de povos estranhos, eles precisaram sair. Volta e meia retornavam. Obviamente, não se trata de toda a faixa que hoje eles ocupam, na qual Israel lhes permite viver. Era uma extensão um pouco menor, com uma geografia ligeiramente diferente daquela que hoje se vê. Mas era aquela mesma região.

Israel também ocupou, por determinação do próprio Deus, toda a faixa na qual até hoje está, embora a promessa de Deus para ele era a de que ocuparia desde o Nilo até o Eufrates, ou seja, desde a metade do Egito até a metade do Iraque.

A data da escrita é a mesma que já expus: cerca de 1445 a.C., época aproximada em que Moisés teria morrido nas campinas de Moabe, vendo a Terra Prometida.

A forma do livro

Não há um arranjo literário fácil de ser percebido no livro de Êxodo. Existem três grandes narrativas: capítulos 1—18; 32—34; 39.32—40.38. São narrativas que contam histórias. Não há lei. São contos. Ainda há outras duas seções legais nas quais encontramos leis: 19.1—31.18; 35.1—39.31. Essas duas seções dão a Israel os aspectos históricos e legais que formam a sua estrutura básica de nação. Deus agindo, Deus ensinando e Deus dando leis.

Também temos a estrutura literária da narrativa das pragas, com uma espécie de paralelismo: onde a primeira praga faz paralelo com a quarta e a sétima, a segunda praga faz paralelo com a quinta e a oitava, e por fim a terceira praga faz paralelo com a sexta e a nona — uma espécie de repetição parecida com o paralelismo sobre o qual já falei.

Quando olhamos as seções "um, quatro e sete"; "dois, cinco e oito"; "três, seis e nove", fazendo um paralelismo, temos em um, quatro e sete Moisés sempre aparecendo perante o faraó junto ao rio; em dois, cinco e oito, Moisés comparece perante o faraó, talvez na corte real; e em três, seis e nove, curiosamente, temos Moisés longe do faraó, como um gesto simbólico. Essa forma narrativa é poesia para os judeus. Para nós, não. Na literatura hebraica, quando um judeu lê algo assim, ele acha bonito: um, quatro e sete! Uau! Para nós, não faz sentido, porque poesia para nós, em geral, tem que ter métrica, ritmo e rima.

Encerro essa análise sobre o livro de Êxodo dizendo que seu propósito principal, em uma palavra, é *libertação*. Se tivéssemos que resumir o livro de Gênesis em uma palavra, seria *eleição*: temos a eleição, o chamado de Abraão. Deus foi até Ur dos Caldeus, escolheu Abraão e o chamou; este deixou todos os ídolos de sua própria casa e foi para uma terra desconhecida, com fé. Por isso, ele é o *pai da fé*, assim como descrito por Moisés, Paulo e Jesus.

Quando Paulo descreve aos Efésios a história da nossa salvação, ele também coloca esses dois pontos como os primeiros que a antecedem. Na soteriologia, o que vem primeiro, segundo Paulo aos Efésios, sempre é a eleição.

Há várias maneiras de interpretar a eleição: a eleição de uma pessoa; a eleição de um povo; a eleição de Jesus, com todos os que vão a ele. Mas você não pode dizer que não há eleição, porque a palavra está lá. A eleição sempre antecede o processo salvífico, o processo da libertação, que é o da conversão. Antes,

CAPÍTULO SEIS

você era cego; agora, vê; antes, pobre; agora, rico; agora você está em Cristo. Você passa por um processo de libertação. São quebradas as algemas que o prendiam ao pecado, e agora você não é mais escravo; é livre. Esse é o segundo processo. Na ordem da salvação, contempla-se a eleição e, depois dela, a libertação. Alguns inserem outros pontos, mas, em linhas gerais, a libertação é sempre o segundo processo. Quando olhamos para Gênesis e Êxodo, isso é o que encontramos.

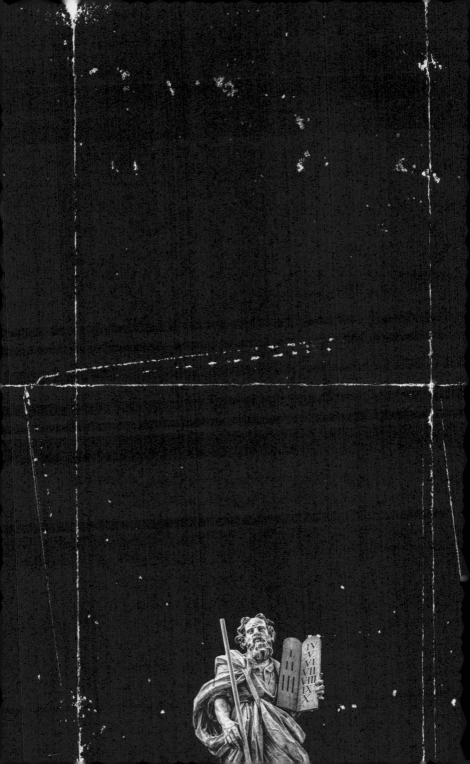

LEVÍTICO: SANTIFICADOS PARA ADORAR

SE TIVÉSSEMOS QUE RESUMIR o livro de Levítico em uma palavra, seria *santificação*. As leis dadas pelo Senhor Deus ao seu povo nesse livro tiveram como objetivo santificar esse povo, limpá-lo de tudo aquilo que faziam de errado. Deus queria purificá-los. É por isso que nesse livro vemos tantas leis.

Na nossa vida, Deus faz a mesma coisa. Deus nos escolhe, nos liberta e nos santifica. A santificação é um processo que vai até o último dia da nossa vida.

O termo "Levítico" vem de *Leuitikos*, com origem na Septuaginta. Trata-se daquilo que diz respeito aos levitas, algo também herdado da Septuaginta. *Leuitikos* é um adjetivo grego equivocadamente utilizado, porque o livro não aborda só os levitas, não é só para os levitas e não é só dos levitas. É um livro sobre leis. O termo "levítico" tem a ver com *levita*, não com lei. Infelizmente, a tradução do título do livro é péssima e não se relaciona com sua mensagem. Assim, entendo que seu título não é inspirado, porque, se fosse, seria *wayiqra*, o título hebraico desse texto.

Wayiqra (e chamou) é um título que resume a ideia do livro, ou seja, mostrar as 38 vezes que Deus fala diretamente a Moisés ou a Arão ao longo do livro.

Wayiqra, novamente, significa "e chamou". Imagine que você compra um livro, abre-o, e ele começa com a conjunção "e". Que livro começa com "e"? É algo normal? Não é comum, pelo menos. Mas Levítico, em hebraico, começa com "e". Isso significa que não podemos iniciar a leitura desse livro sem ter a noção do que está imediatamente antes dele. Logo, precisa haver uma mente autoral por trás disso. Assim, o livro de Levítico não tem vários autores, como pretendem os teólogos liberais, que querem desmistificar o livro e tirar dele todo o seu aspecto soberano e sobrenatural, dizendo que sua autoria não seria de Moisés. Para que compreendamos Levítico, é necessário compreender o *chamado* e a *eleição* em Gênesis, a *libertação* em Êxodo e o Deus que quer preparar esse povo, agora, para se apresentar constantemente diante dele.

É como se Deus pensasse: "Elegi e libertei esse povo, mas o que eles vão fazer agora? Esse povo tem que se apresentar diante de mim, mas de que maneira? De qualquer jeito, com seus ídolos, suas práticas, suas ideias preconcebidas e absurdas sobre divindades? Não, eu preciso santificá-los, ensiná-los a me adorar. Preciso ensiná-los a realizar uma liturgia, um culto; ensiná-los a como se purificar, a como entrar na minha presença. Depois de os escolher e libertar, eu os ensinarei a se santificar para me adorarem." Esse é o livro de Levítico! Assim, Levítico começa dando a ideia de uma sequência ao que Deus já havia feito: é o seguimento de alguma coisa que passou.

CAPÍTULO SETE

Em Mateus 8.4, vemos o testemunho de Cristo, chamando Moisés de "autor do livro de Levítico" (Jesus se refere à ordem de Moisés em Levítico 14.1-31).

O livro também foi dado em cerca de 1445 a.C. e é quase exclusivamente literatura legal, sendo praticamente todo composto de leis. Apenas no pequeno trecho que vai do capítulo 8 ao 10 é que encontramos um pouco de história, ou de narrativa. O restante refere-se à literatura legal.

Um pouco sobre a mensagem de Levítico

"Portanto, santificai-vos e sede santos, pois eu sou o Senhor, vosso Deus. Guardai os meus estatutos e cumpri-os. Eu sou o Senhor, que vos santifico" (Levítico 20.7-8) — esse é o resumo do livro de Levítico. Quando olhamos para o Novo Testamento, vemos também a expressão "sede santos, porque eu sou santo". Assim, se pudéssemos resumir esse livro em uma palavra, esta seria "santidade". O livro trata de santidade.

Em Hebreus 9.13-14, temos uma alusão, no Novo Testamento, ao Antigo Testamento: se a ideia de Levítico, no Antigo Testamento, é santificar, é importante que encontremos um paralelo dessa concepção no Novo Testamento, e é justamente isso que vemos no livro de Hebreus, no qual o autor descreve que, assim como o sangue de bodes e touros, a cinza de uma novilha e o sangue aspergido santificavam, agora também o sangue santifica, mas não mais esse tipo de sangue, e sim o sangue do Cordeiro derradeiro, final, último: o sangue de Cristo, que pelo Espírito eterno se ofereceu sem mácula. Deus purificará das obras mortas a nossa consciência, para podermos servi-lo.

Se o sangue de Cristo nos purifica hoje para servirmos a Deus, também tinham esse propósito o sangue dos bodes, o dos touros, a cinza da novilha e o sangue aspergido. E assim foi durante todo o tempo do Antigo Testamento, até que Cristo nascesse. O objetivo de Levítico sempre foi santificar, purificar das obras mortas a consciência, para que o povo pudesse servir a Deus. Assim, o livro de Levítico foi, para os judeus, o livro mais importante.

Tenho para mim que o livro de Levítico é o mais cristão que existe. Mas ao mesmo tempo é o mais mal compreendido. Todos o pulamos quando o lemos. É tanta coisa que a gente não entende, tanta coisa complicada e que não existe mais... Por que simplesmente não rasgamos e tiramos Levítico da nossa Bíblia? Porque há um propósito nele, há uma mensagem. Essa mensagem pretende mostrar a nós como Deus espera ver santidade na vida daquele que o adora.

O livro de Levítico tem 27 capítulos, 859 versículos e 24.546 palavras, sendo, então, o menor livro da coleção de Moisés dentro do Pentateuco, ou Torá.

Para o leitor mais "descuidado", o livro de Levítico parece ser o mais irrelevante do Antigo Testamento. Deus fala conosco por meio desse livro? Será que por meio desse livro Deus tem algo a nos ensinar? Levítico é o livro no qual Deus mais fala — mais do que em qualquer outro da Bíblia. Dos 66 livros que temos na Bíblia, Levítico é o campeão quando o assunto é trazer o registro exato do que Deus disse. Nele, vemos as palavras ditas por Deus, escritas letra por letra.

Levítico é o livro menos estudado do Antigo Testamento e por algumas razões: é difícil de entender; as pessoas dizem que ele tem pouca relevância espiritual, por isso preferem ler Salmos, Provérbios, Marcos; dizem ainda que ele é obsoleto e não tem mais nada a ver com os nossos dias. Por que vou perder meu tempo lendo esse livro?

CAPÍTULO SETE

Contudo, Levítico é um livro cristão que nos aponta muitas coisas sobre a pessoa de Jesus. E eu pretendo mostrar isso a você.

A atualidade da mensagem

J. C. Ryle foi um pastor na Inglaterra; ele escreveu um livro muito especial sobre santidade. Um livro excelente e um dos melhores já escritos sobre o assunto. Ele diz o seguinte: "Como mandamentos cerimoniais, essas leis não valem mais, mas os princípios por trás deles são tão válidos hoje como foram durante a antiga dispensação."

Todos os princípios apresentados no livro de Levítico são tão importantes hoje para nós quanto foram no Antigo Testamento, na antiga dispensação, durante o período da antiga aliança.

O progresso da revelação se dá como tenho tentado resumi-lo passo a passo, para não perdermos a linha dos acontecimentos: Gênesis — eleição; Êxodo — libertação; Levítico — santificação. Vamos acompanhar isso de modo mais esmiuçado: em Gênesis, temos o remédio de Deus para a ruína do homem; em Êxodo, a resposta de Deus para o clamor do homem; em Levítico, a provisão de Deus para a necessidade do homem. Ruína, clamor e necessidade. Em Gênesis, temos a semente da mulher; em Êxodo, o sangue do Cordeiro; em Levítico, o altar do sacrifício. As três coisas estão completamente associadas. A semente da mulher aponta para quem? O sangue do Cordeiro aponta para quem? O altar aponta para quem?

Hoje, não existe mais altar. "Altar" é um lugar de sacrifício em todas as religiões, inclusive na hebraica/judaica. Durante o período do Novo Testamento, altar era o lugar onde o sangue era derramado, por causa do sacrifício ali realizado.

Se temos altares ainda hoje, isso significa que ainda hoje fazemos sacrifícios nesses lugares. O último altar que existiu foi a cruz do Calvário. Ali Jesus foi sacrificado e ali o último sangue foi derramado. Agora, o que existe é o templo do Espírito, que também não é um lugar como era naquela época, mas é a vida de cada um de nós. A vida de cada pessoa é o lugar no qual o sangue do sacrifício que um dia foi derramado é aspergido para purificação.

Em Gênesis, há também o problema do pecado. Em Êxodo, a possibilidade da salvação, quando o povo clama e Deus responde por meio do libertador chamado Moisés. Em Levítico, há provisão de um culto para os salvos. Culto é hora de encontro.

Eu me apaixonei pela minha esposa, e ela por mim. Isso é um milagre! Se o milagre aconteceu, é preciso haver encontro. O culto é o encontro entre nós e Deus. Ele nos amou primeiro, é isso que João aprendeu, e nós o amamos depois. Se ele não nos tivesse amado, jamais o amaríamos. O nome disso também é *eleição*. Chamado, libertação e, agora, santificação. Quando nós o amamos? No encontro. Onde nós o conhecemos? No encontro. Quando nos aprofundamos em intimidade nesse relacionamento com o Senhor? No encontro.

"E o encontro acontece onde?" — a mulher samaritana perguntou. Jesus respondeu: "O encontro é em todo lugar." Não é mais aqui no monte Gerizim, nem no monte Sião, mas em todo lugar onde alguém adora o Senhor em espírito e em verdade. Ali o Pai o vê, porque esses são os tais que o Pai procura.

É interessante isso, pois é a única vez que a Bíblia diz que o Pai procura alguém.

A Bíblia não diz que o Pai procura missionários. E não fala que o Pai está procurando pregadores, músicos, cantores. O

CAPÍTULO SETE

Pai só procura adoradores. E adoração não tem nada a ver com música. Pode-se adorar cantando também, mas adoração tem a ver com vida de reconhecimento, vida de encontro. Você pode ir à igreja para cantar: daí canta, canta, mas, talvez, não adore! Você só cantou e chamou aquilo de *adoração*. Você pode ir a um *show*. Ouvir a pessoa o empolgou: você pulou, bateu palmas. Aí você foi embora para casa, mas não adorou. Porque adorar é encontrar-se, relacionar-se. Na língua grega, προσκυνέω (proskineo) tem a ver com se prostrar e beijar. Quando nós encontramos Deus em adoração, isso significa que nada mais nos atrapalha nessa hora. Nada nos tira o foco; ele é o nosso foco. O culto é cristocêntrico. A criança chora, a senhora levanta, o pastor tosse, o prédio do lado cai e pega fogo, mas você está lá, porque o seu foco é Cristo.

Em alguns momentos, percebemos que os líderes da adoração na igreja fazem algumas exortações: "Vamos cantar! Está muito desanimado, gente! Vamos nos animar! Vocês estão adorando a Deus!" Assim, você canta um pouquinho mais alto, para o líder não ficar toda hora interrompendo a música. O líder diz que todos têm que bater palma, porque isso é adoração. Não, não é adoração! É um *show*, uma apresentação na qual o líder deseja que todos façam o que ele está fazendo.

Não estou dizendo que você, líder de louvor, não possa incentivar o povo a cantar. Você deve fazer isso; você precisa ser um exemplo disso, mas sempre apontando para a verdadeira adoração. É preciso sair de casa já com o coração cheio do desejo de encontrar-se com o Senhor. Agora você é salvo, e, como salvo, sua vida precisa ser de encontro, de adoração; de culto particular e de culto congregacional. É preciso prestar o culto público com aqueles que foram resgatados como você, mas também é preciso haver culto pessoal com Deus.

Para que seja um culto, é necessário encontro com Deus. Mas você nunca se encontrará com Deus se, primeiro, não tiver um encontro pessoal com Jesus Cristo. É a isso que os cristãos chamam *conversão*. Conversão é a experiência do seu primeiro encontro com Jesus Cristo. Aquele dia em que o Espírito abriu seus olhos. O Espírito tocou seu coração, e você se convenceu do seu pecado, da justiça que Deus queria oferecer e do juízo que há de vir. Quando o Espírito tocou você, houve arrependimento, e você o amou, porque ele o amou primeiro.

O hino diz: "Tocou-me! Jesus tocou-me! E de paz encheu meu coração! Quando o Senhor Jesus me tocou, livrou-me da escuridão." Isso é perfeito! Não fui eu que toquei o coração dele para que ele falasse: "Quem? Ah, você me ama? Então, eu vou amar você também." Ele nos toca! No dia em que ele nos tocou, vimos quão escura era nossa vida e em quão densas trevas andávamos; mas, porque ele nos tocou, vimos a sua luz. E agora o nosso maior prazer é nos encontrarmos com ele todos os dias; e um dia por semana com todos, no culto, na adoração.

Não é interessante o fato de que Jesus disse que são essas pessoas que o Pai procura? Aqueles que o adoram em espírito e em verdade? São esses que o Pai procura. E você adora enquanto canta, ora, prega, ouve uma pregação, lê a Palavra, dirige, está ensinando seu filho ou está orando, pedindo pela vida do seu pai. Adorar é reconhecer quem é Deus; reconhecer seus atributos, suas qualidades, seu poder, sua misericórdia, suas ações na nossa vida.

Adorar não é pedir; não é dizer: "Restitui o que é meu". Isso não é adorar! O que você está reconhecendo nessa frase? Está

CAPÍTULO SETE

reconhecendo que Deus é santo, bom, poderoso? Não, você só está querendo o que é seu de volta! Se sou eu no papel de Deus, diria: "Está bom. Antes você era cego, morto e condenado ao inferno. Quer de volta o que é seu? Vou lhe dar! Mas depois não tiro mais; não adianta pedir."

Eu sei que quem canta "Restitui o que é meu" tem outras intenções ao cantar essa música, mas precisamos entender que ela não é cristocêntrica, não é de adoração, visto que a verdadeira adoração é aquela que reconhece quem é Deus, que vê o que é Deus.

Louvor é elogio. Quando você está elogiando sua esposa ou seu esposo, por acaso diz: "Eu quero de volta o que é meu! Restitui o que você tirou de mim! Eu quero de volta! Quando você vai me devolver?" Isso é elogiar? Louvor, como eu disse, é elogio. É encantar-se. Adorar é reconhecer a beleza do Santo. Como você não elogia, não se encanta, não se enamora "pedindo restituição", assim também não deve fazer isso com Deus.

Logo, adoração, culto — o culto que os judeus prestavam ao Senhor (os israelitas como um todo, no período de Levítico) — era aquele momento no qual Deus era o centro de tudo; independentemente da vida de cada um, da situação financeira, daquilo que lhes fora tirado, quando eles iam ao encontro, ao culto conforme Deus predefiniu e estipulou, sabiam que estavam lá para falar do Senhor, não deles; sabiam que estavam lá para ser moldados, a fim de tomarem a forma do Senhor para a vida deles. Alguns obviamente levavam consigo dores, lutas e clamores, mas eram súplicas relacionadas a coisas que não a prosperidade pessoal. Não eram egoísmos referentes às próprias vaidades e aos pecados, como Tiago mencionou em sua epístola.

Quando Levítico é dado, ele é dado para ensinar o povo a adorar; para ensinar o povo a como se comportar na presença do Santo; para torná-lo ciente de que Deus é santo e de que ele queria que todos fossem santos também. Se Levítico é um ensino do culto, é uma provisão para o culto, e se seu cerne é: "Eu sou santo; sejam também santos", só podemos entender que, num culto, não falamos de nós mesmos, a não ser para pedir que o Senhor nos santifique. Isso é culto.

Existe culto hoje em dia? — essa é outra reflexão. Quando você diz que vai à igreja, ao templo, ao ajuntamento, para adorar, o que faz lá? Se não estiver tudo centrado em Deus, você não foi para adorar. Se estiver tudo centrado em você, você foi o centro do culto. Você não vai ao templo para "assistir ao culto". Você não vai ao culto para falar das suas necessidades — isso você faz em casa, por meio de súplicas, orações, petições e momentos nos quais, por sua misericórdia, Deus tira a ansiedade do seu coração e enche-o com uma paz que excede todo o entendimento.

Por que você não tem essa paz? Por causa do egoísmo, porque não há culto na sua vida. O culto pessoal, nesse caso, não existe. Quando você está na igreja, e só diz: "Quero de volta o que é meu", ou outra coisa centrada em você, não existe encontro. Existe só reclamação.

Sabe aquele departamento da secretaria do município, aonde você só vai para fazer reclamações ou protocolar pedidos? Os cultos, ao que parece, têm sido esses departamentos nos quais as pessoas protocolam alguma reclamação. Jesus ensinou que isso não é adorar. No tempo de Levítico, o povo de Israel não ia ao templo para protocolar petições.

CAPÍTULO SETE

Não estou dizendo que você não pode pedir. Jesus disse: "Pedi, e dar-se-vos-á; buscai e achareis; batei, e abrir-se-vos-á. Pois todo o que pede recebe; o que busca encontra" (Mateus 7.7-8). Você tem que pedir. Paulo nos instrui: *"Não andeis ansiosos de coisa alguma; em tudo, porém, sejam conhecidas, diante de Deus, as vossas petições, pela oração e pela súplica, com ações de graças. E a paz de Deus, que excede todo o entendimento, guardará o vosso coração e a vossa mente em Cristo Jesus"* (Filipenses 4.6-7).

Você deve clamar, mas também precisa ter um momento a sós com Deus para adorá-lo. Comunhão e intimidade com o Pai não vêm de pedir e pedir, de protocolar e protocolar. Você adorou a Deus quantas vezes nesta semana? O assunto das suas orações foi "pedir" em quantas vezes nesta semana? E como você adora? Adorar não é colocar uma música *gospel* para tocar e cantá-la de casa até o trabalho. Pode ser que seja, mas não foi isso que Jesus ensinou à mulher samaritana. Ele não disse a ela para, quando estivesse saindo de casa para buscar água, "colocar uma música no celular e ouvir no fone", cantando. Não foi isso que Jesus ensinou. A adoração vai além da música e pode ser realizada em qualquer lugar, independentemente de a pessoa saber cantar ou não.

Adorar a Deus é algo que precisa existir na nossa vida, e nós temos que nos questionar, para perceber se somos adoradores. Hoje, adoramos? Durante quanto tempo? Nossas orações são feitas apenas de petições, súplicas e protocolos pessoais ao Rei dos reis? Ou nos dobramos e reconhecemos a beleza de sua santidade? O que é a verdadeira adoração? Será que o Pai tem nos encontrado como verdadeiros adoradores?

O livro de Levítico foi dado porque o Pai queria encontrar verdadeiros adoradores naqueles que ele libertou na terra do Egito. Deus quer que todos se lembrem de que ele é santo e que nos lembremos de que todos nós somos pecadores. Entre nós e Deus, existe o pecado — por mais que queiramos, não conseguimos chegar ao Pai. Há pessoas que pensam conseguir, mas a Bíblia diz que esse abismo é intransponível, por isso Deus criou o altar. O altar do sacrifício é o lugar aonde todos os pecadores deveriam ir ao chegar à Terra Prometida, ou mesmo no deserto. Eles deveriam ter duas coisas no altar: o sacerdote, que receberia as confissões de todos, mas também o sacrifício, que deveria ser conduzido pelo sacerdote. O sacrifício, na verdade, referia-se a um ser inocente que receberia a culpa de todos os pecadores e morreria com a culpa deles, expiando-a. Expiar é levar algo consigo para longe.

No interior de São Paulo, existe uma expressão, especialmente para quem vai de Mato Grosso para Goiás: "boi de piranha". Eu vivi uma parte de minha infância e adolescência em beira de rio e via meus pais e tios falando de rio, gado, pescaria. Na minha infância, uma das coisas que me marcaram foram as comitivas com milhares de bois. De Mato Grosso a Goiás, existem muitos rios e muitas piranhas; à medida que os bois caminham, ferem-se patas, corpos de bois se machucam em galhos de árvore... Assim, os bois sangram um pouco. Passarinhos também vêm em busca de carrapatos e, quando bicam os bois, também sai um pouco de sangue. Assim que os bois entram no rio sangrando, atiçam as piranhas, numerosas nessa região. Para um boiadeiro não perder toda a boiada do seu patrão, ele tinha que ser estratégico: era necessário pegar um boi mais fraquinho, que não seria bem-visto pelo comprador da

CAPÍTULO SETE

boiada, separar esse boi e feri-lo mais um pouco com o facão, a fim de fazê-lo sangrar um pouco mais. O companheiro do boiadeiro pegava o restante da boiada e levava um quilômetro ou dois acima do rio. Tocava-se o berrante, como uma espécie de sinal. O boiadeiro que ficou com o boi ferido o lançava, então, no rio; depois de uns quinze minutos, todas as piranhas daquela região eram atraídas pelo sangue. Assim, tocava-se o berrante mais uma vez como sinal para que os boiadeiros que estavam aguardando com o restante da boiada conseguissem atravessar o rio a salvo. Esse era o "boi de piranha", o que morria para salvar a vida de todos.

Na Antiguidade, havia o "bode expiatório", termo que usamos até hoje. Trata-se da mesma ideia: um que expia a culpa dos outros, para que os outros sobrevivam. Sobre o altar de sacrifício, o sacerdote apresentava um animal puro e perfeito. Como saber que era puro e perfeito? Até isso Deus ensinou, fornecendo dados sobre idade, cor e ordem de nascimento. Seria o animal perfeito para ser sacrificado. O sacrifício era oferecido pelo sacerdote, colocando a culpa de todos sobre o animal. Dessa forma, as pessoas podiam ir para suas casas sem culpa nenhuma. E assim foi por milhares de anos. Quando acontecia o sacrifício, Deus descia ao altar e se encontrava com os pecadores. Essa é a estrutura de Levítico.

A estrutura literária do livro de Levítico pode ser entendida da seguinte maneira:

CAMINHO de Deus, 1—7
OBRAS de Deus, 8—15
CAMINHO com Deus, 16—22
ADORAÇÃO a Deus, 23—27

Nas duas primeiras partes (1—7 e 8—15), temos o alcance da comunhão por meio da adoração. Deus ensina isso. Até o capítulo 15, na metade do livro, Deus fala muito de sacrifício. Fala da corrupção física e da cerimônia, abordando como deveria ser cada ritual, cada encontro. O objetivo de tudo era a purificação. Deus fala sobre a chegada e o início de tudo como a purificação.

Na terceira e quarta partes, vemos algo a respeito de como manter a comunhão pela prática. É quando entra a santificação: uma vez que o sacrifício já foi realizado, é preciso santificar-se. Trata-se também da corrupção moral e espiritual presente no homem. Incentiva-se, sobretudo nas últimas partes do livro, uma vida pura. Pretende-se a santidade.

Vamos entender Levítico

Primeiro, Moisés recebeu a lei; depois, o objetivo era purificar o povo. Moisés recebeu as leis diretamente de Deus.

Levítico é um livro de chamado o tempo todo: "Venha, que eu vou falar a você." Deus falou, e Moisés escreveu. O objetivo era purificar, e o método comum entre as nações da época era o sacrifício: alguém sofrendo por outro. Deus, assim, institui o sacrifício de animais em Israel, no comecinho do livro. No holocausto, o animal sacrificado deveria ser queimado inteiramente no altar (esse era um dos sacrifícios; existem outros).

O fogo, em uma lareira, queimava durante a noite toda, com rolinhas, pombinhos, cabritinhos, novilhos e carneiros. Todos eram queimados nesse fogo, conforme prescrito pelo Senhor. Assim era o sacrifício. O sangue não era queimado. Segundo Levítico, o sangue deveria ser todo tirado; nenhuma gota ficaria no animal, o que nos lembra do sangue eficaz: nenhuma gota do sangue de Jesus foi derramada em vão; ele derramou todo

CAPÍTULO SETE

o seu sangue naquela cruz, de modo que, quando o soldado o furou, saiu água, não mais sangue. Em Levítico, isso simbolizava a consagração completa; consagrar-se inteiramente ao Senhor.

Havia também o manjar, as primícias das colheitas: farinha, azeite, bolo e obreias eram cozidos, e parte disso era queimada como memorial ao Senhor. Os manjares, feitos no templo, simbolizavam consagrar ao Senhor tudo o que se fazia.

Quando alguém oferecia um sacrifício, nem sempre queria expiar um pecado; muitas vezes, era somente por ação de graças pela bênção de Deus. Fazia-se uma espécie de louvor, algo como: "Ofereço ao Senhor não porque pequei, mas pelo meu amor por ele." Isso significava consagrar tudo no altar na presença do Senhor.

Uma parte dessa oferta deveria ser comida pelo sacerdote, no caso do manjar. Quando a oferta era do próprio sacerdote, ele não podia comê-la, devendo queimá-la totalmente, mais uma vez com a ideia de consagrar tudo ao Senhor.

Também havia as ofertas pelo pecado: o culpado trazia a oferta. Se um sacerdote tivesse pecado, ele deveria sacrificar um novilho. O povo em geral não precisava entregar novilhos. Se fosse um pecado da nação, os anciãos é que sacrificavam os animais.

Nos últimos capítulos de Esdras, quando o povo retorna do cativeiro babilônico, alguém leva a Esdras a informação de que os homens estavam namorando, noivando e casando com mulheres que não eram do povo de Deus. Esdras vai para o templo, rasga o manto, raspa a barba, lança pó sobre a cabeça e chora. O povo diz: "Você tem que se animar! Você tem que nos instruir!" Mas Esdras não dá atenção; ele ora, dizendo, em resumo, em Esdras 9.6 e seguintes: "Deus, o Senhor, nos levou à

Babilônia justamente por causa do pecado dos nossos pais, que era feito de casamento misto e idolatria. Fomos para lá por causa da desgraça advinda de casarmos com gente que não tem temor ao Senhor, em jugo desigual. O Senhor, por misericórdia, nos tirou de lá; e agora estamos aqui cometendo os mesmos pecados!" Esdras compreendia a necessidade de santidade e quão nocivo era um relacionamento com alguém que não tinha o mesmo temor a Deus.

Esdras, então, reconhece que esse é um pecado nacional; os líderes do povo chegam diante dele dizendo que estavam arrependidos: "Se tivermos que mandar de volta as mulheres e os filhos que elas trouxeram, vamos mandar, mas queremos agradar ao Senhor" (cf. Esdras 10). Esdras ordenou que mandassem todos embora, e eles mandaram. Sacrifícios foram feitos, porque houve um pecado nacional. Todos os líderes do povo haviam se entregado à desobediência num dos pontos mais importantes para o Senhor.

Contudo, se não fosse o povo todo, se não fosse o sacerdote, mas um príncipe que pecasse, este deveria sacrificar um bode.

A respeito das ofertas pelo pecado, sabemos que, quando havia pecados ocultos, os ricos levavam cabritos, e os pobres, pares de rolinhas; os que não tinham nenhuma condição levavam flor de farinha. A coisa era muito bem descrita. Deus aceitava o sacrifício, e o pecado era perdoado, se oferecido com arrependimento.

Os sacrifícios da paz eram outros tipos de sacrifícios que aconteciam em Levítico, com a intenção de cumprir votos diante do Senhor. Eles existiam como uma espécie de demonstração do amor que o povo tinha por Deus e como forma de agradecimento por bênçãos recebidas. Quando levavam esses

CAPÍTULO SETE

sacrifícios, sem que nenhum pecado acontecesse, mas apenas porque queriam agradar a Deus, cumprir um voto ou agradecer por uma bênção recebida, eles entregavam um animal para ser sacrificado (quer uma rolinha, quer um cordeiro), e o sangue era aspergido todo sobre o altar. O ofertante e sua família comiam na presença do Senhor tudo que levavam.

Quando alguém roubava algo, o ladrão tinha que devolver tudo. Ele não ia para a cadeia e, depois de três anos e meio, por bom comportamento, saía. Isso que vemos hoje é injustiça. Naquela época, existia a justiça equiparativa: o que roubasse alguém tinha que devolver o que roubou, não tinha que ser preso. Podia até ficar preso, mas, mesmo assim, precisava devolver. A lei estipulava algumas vezes o acréscimo de um quinto (na lei judaica; na lei romana, era mais). Como exemplo, temos a história de Zaqueu. Tudo isso era a proposta de Deus para santificação do povo. Todo sacrifício apontava para o sacrifício que o próprio Deus faria pelo povo.

Vendo por esse prisma, fica mais fácil entender Levítico, não é? Qual era o sacrifício que Deus um dia enviaria? Seu próprio filho. Tudo em Levítico aponta para Jesus Cristo. Os cordeiros, o sangue, o altar, o sacrifício, o pecado de um povo rebelde e obstinado, insistente em voltar toda hora ao mesmo pecado... Deus o tempo todo estava aceitando o sacrifício dos mesmos cordeiros, até que disse: "Chega! Vocês não vão mais ficar comprando rolinha, pombinha e cordeiro por aí. Vou enviar o último cordeiro, e ele vai morrer pela última vez, e ninguém mais vai viver desse jeito."

Por causa do sacrifício de Cristo, as leis de Levítico não têm mais nenhum valor para nós. É por isso que não sacrificamos mais. Porque Jesus Cristo já levou sobre si toda a nossa culpa.

Mas quais ensinamentos tiramos disso? Devemos obedecer à voz de Deus inteiramente. O povo de Israel compreendia assim: "Deus falou, eu faço."

Se alguém disser que não está entendendo Levítico, você pode dizer: "É porque não vivemos mais naquela época. Mas uma coisa você entende: tudo o que Deus mandou fazer, eles fizeram. Entenda isto: hoje, Deus não diz mais aquelas coisas para você, mas, quanto a tudo que Deus diz com relação à sua vida, ao seu proceder, ele espera de você o mesmo que esperava daquele povo." Dito isso, a pessoa se encantará, pois o nível de detalhes no que se refere ao que Deus esperava em Levítico é impressionante. Deus dizia: "Eu quero dessa cor, com essa medida, com esse encaixe, nesse lugar, com essa perspectiva, voltado para esse lado!" O detalhe da exigência demonstra o desejo de Deus de ser minucioso quanto ao que ele quer nos ensinar, nos apontar, e como ele espera que estejamos atentos a tudo o que ele nos diz.

Aprendemos também que devemos ter compromisso com a Palavra de Deus e que deve haver santidade na vida daqueles que desejam adorar ao Senhor Deus. Se você deseja adorar a Deus com todo o seu coração, precisa ter no seu coração o mesmo proceder.

Eu afirmei que Deus é santo e que todos nós somos pecadores. Entre nós e Deus há o pecado que nos separa, mas agora há Cristo no lugar do altar. Quando vamos a Cristo, assim como quando o povo ia ao altar, nós nos encontramos com Deus. E Cristo mesmo nos santifica. Ele é o altar. Ele é o sacerdote. Ele é o sacrifício. Dele é o sangue. E é ele quem nos apresenta e que intercede por nós. Ele é tudo para nós. Nós não temos mais sacerdote. Nós não temos mais sacrifícios. Nós não temos mais

CAPÍTULO SETE

altar. Nós não temos mais sangue. Nós temos Cristo, e ele é suficiente para nós.

Como aprendemos tudo isso? Lendo o livro mais difícil de ler. Veja como Levítico é o livro mais cristão de todos, porque ele aponta de um modo impressionante para Jesus Cristo. Mas só compreendemos isso quando o lemos em seu contexto.

LEVÍTICO 20.7-8 diz: "Portanto, santificai-vos e sede santos, pois eu sou o SENHOR, vosso Deus. Guardai os meus estatutos e cumpri-os. Eu sou o SENHOR, que vos santifico."

HEBREUS 9.13-14 diz: "Portanto, se o sangue de bodes e de touros e a cinza de uma novilha, aspergidos sobre os contaminados, os santificam, quanto à purificação da carne, muito mais o sangue de Cristo, que, pelo Espírito eterno, a si mesmo se ofereceu sem mácula a Deus, purificará a nossa consciência de obras mortas, para servirmos ao Deus vivo!"

Estamos cheios de obras mortas no coração, na alma, na história. Deus nos purifica para podermos servir ao Deus vivo, para podermos cultuar ao Deus vivo.

A palavra grega usada em Hebreus para falar sobre "servir" é a palavra "culto". Por isso, ainda hoje, em alguns países, como nos Estados Unidos, os americanos chamam o culto de "serviço", porque a ideia de um serviço é a ideia de um culto. E é isso que o autor de Hebreus está nos ensinando. Ele nos purifica a consciência para podermos cultuar, servir, amar, nos encontrar com esse Deus que fez de tudo para que pudéssemos vê-lo, adorá-lo e conhecê-lo.

Deus escolhe em Gênesis, liberta em Êxodo e santifica em Levítico.

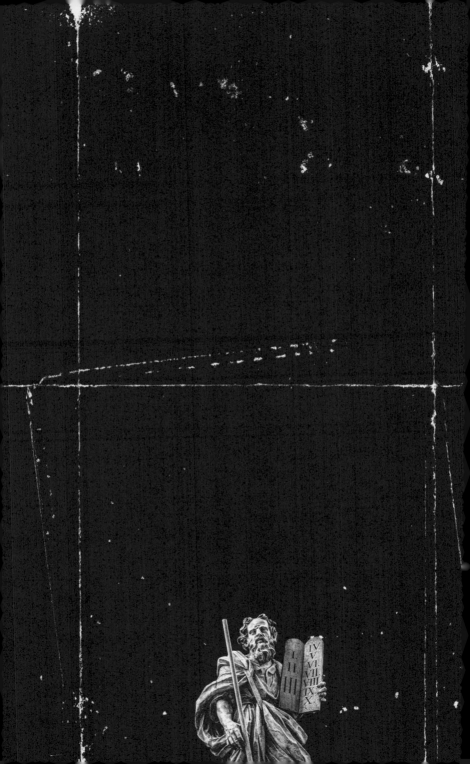

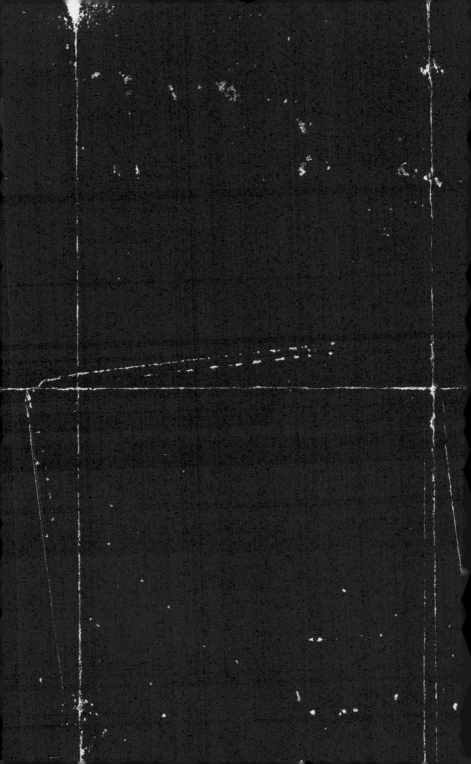

NÚMEROS: A INSTRUÇÃO DA NAÇÃO EM MEIO AO DESERTO

PARA TENTARMOS ENTENDER POR que o Senhor revelou os livros do Pentateuco em dado momento da história, além da importância que esses livros tiveram não só na formação, como também na preparação do povo para encaminhá-lo à sua entrada na Terra Prometida, vimos um pouco sobre seu contexto religioso (egípcio e babilônico), político, autoral, histórico e apologético.

Consideramos a importância de entender a mensagem de Gênesis, que é o chamado de Abraão e de toda aquela nação, meio pelo qual o descendente de Abraão viria. Vimos como a Criação, a Queda e a promessa da Redenção aconteceram e também como Deus começou a cumprir essa promessa. Deus fez Eva, providenciou o nascimento do descendente que esmagaria a cabeça da serpente, escolheu Abraão. Quando Deus foi a Ur dos Caldeus (uma cidade situada no território do atual Iraque), ele escolheu um homem dali, Abraão, cheio de ídolos, de divindades em sua casa, como escreveu Josué no capítulo 24 de seu livro. Esse homem deixa toda a idolatria, toda a sua história, toda a tradição de seus pais e vai para a terra que Deus lhe mostraria. Ele vai até Canaã e ali se estabelece com seu sobrinho Ló. Ele tem um filho, que é o filho da promessa (Isaque), e teve também Ismael — mas este teve uma história curiosa, e Deus também o abençoou.

O início de Gênesis é muito interessante. Deus disse que não desampararia Ismael, filho que Abraão teve com Agar, não com Sara. Deus diz que ele também seria grande e prosperaria, porque era filho de Abraão, mas não era ainda o filho da promessa. Não era o filho que Deus havia prometido a Abraão e Sara. Abraão deveria crer no poder da promessa da Palavra de Deus. Ele não creu e sofreu as consequências. Ele e sua esposa concordaram que Abraão tivesse um filho com outra mulher.

O que acho interessante são as palavras de Deus para Ismael e sua mãe, quando Deus disse que Ismael também seria grande; que também seria pai de muitos povos e de muitas pessoas, assim como as estrelas do céu e os grãos de areia das praias do mar; e que ele sempre viveria fronteiriço a seus irmãos, como um animal selvagem. Ele sempre seria contra todos, e todos seriam contra ele. Essas palavras que Deus dá a Agar tornam-se efetivas quando olhamos para os descendentes de Ismael, chamados de "ismaelitas" e, depois, de árabes. Os árabes são os ismaelitas do passado. São o mesmo povo. Os árabes se consideram descendentes de Ismael, portanto descendentes de Abraão também. Não são somente os israelitas que se consideram filhos de Abraão. Os muçulmanos, especialmente os árabes, também se consideram filhos de Abraão, pela linhagem de Ismael. Os ismaelitas acabaram se tornando os árabes do nosso tempo.

CAPÍTULO OITO

Quando lemos a Palavra de Deus sobre Ismael e seus descendentes e vemos os árabes de hoje, enxergamos justamente aquilo que Deus prometeu. Constatamos que isso de fato acontece. Israel vive no meio; quem vive fronteiriço são os árabes. Hoje, ismaelitas vivem ao redor dos descendentes de Isaque, de Jacó, de Israel, de Abraão.

Na promessa que Deus faz a Agar, ele diz que Ismael seria como um animal selvagem, violento até o fim. Quando olhamos para alguns desses grupos hoje em dia, encontramos violência também — não é algo generalizado, mas o fundamento deles é a violência.

Quando fui para o seminário, meu objetivo era ser missionário entre os muçulmanos. Deus acabou mudando aquilo que eu imaginava ser meu chamado e me proibiu de ir, pelo menos por enquanto. Ainda sonho de vez em quando com isso. É um desejo ainda muito forte no meu coração. Sou bacharel em Missões. Meu curso teve ênfase em línguas originais, mas minha principal pesquisa ocorreu na área de missiologia, porque ela era e ainda é muito forte no meu coração. Li muito sobre os muçulmanos; fiz cursos sobre o islamismo em alguns lugares aqui no Brasil, especialmente em Foz do Iguaçu; fui a muitas mesquitas; almocei com alguns xeiques (curiosamente, pouco tempo depois de Osama bin Laden ter enviado aqueles aviões para explodir as Torres Gêmeas de Nova York). Poucos meses depois do atentado, fui a Foz fazer um curso. Compareci a uma mesquita e lá almocei e jantei com uma família que recebeu Osama bin Laden alguns anos antes de mim. E eles contaram das glórias. Não sabiam que eu era um seminarista e futuro pastor. Eles me achavam alguém muito interessado em conhecer o islamismo. Mas eu estava ali porque queria entender a história de uma perspectiva interna: buscava saber o que eles pensavam e sentiam. De fora, conhecemos muitos mitos. Ouvimos falar de muçulmanos; temos um estereótipo formado, uma caricatura, mas o que realmente eles são? Eu quis mergulhar fundo na cultura, a fim de me preparar para o dia em que Deus, se assim quiser, vier a me usar para evangelizar pessoas nesse campo.

Por várias razões, Deus fechou as portas; ele usou pessoas para me orientar e aconselhar; pelo menos ainda não era o tempo. Tenho achado que ainda não é, mas quem sabe ainda será. Se Deus assim quiser.

Quando li o Alcorão, o livro sagrado dos muçulmanos, além de outros livros relacionados ao tema (nessa viagem especial a Foz, eles me deram muitos livros, querendo me islamizar), percebi que o fundamento do islamismo é violento. Existem, sim, muçulmanos pacíficos, mas o islamismo não é pacífico. Os pacíficos são os muçulmanos não praticantes, ou outros com uma visão liberal do Alcorão.

No ano 2020, participei de um encontro da fraternidade reformada mundial em São Paulo. Tive uma conversa muito boa com um pastor da igreja de Izmir (antiga Esmirna), na Turquia, aquela cidade onde havia uma igreja para a qual Jesus endereçou uma carta em Apocalipse. Só há uma igreja evangélica hoje em Izmir — não a de Apocalipse, é óbvio. Hoje, a cidade é majoritariamente islâmica, e só há lá uma igreja evangélica, batista curiosamente. Pude conversar com esse pastor, um turco. O pastor era um ex-muçulmano. Ele me disse: "Por que turcos, vendo suas cidades serem invadidas e devastadas, muçulmanos sendo mortos porque não aderem ao extremismo do estado islâmico (Isis) e cidades com centenas de milhares de cristãos sendo fuzilados, queimados, afogados, não fazem

CAPÍTULO OITO

nada?" Porque, no fundo, todo mundo sabe que eles, os muçulmanos extremistas, estão certos, mas ninguém tem coragem de fazer o que eles fazem.

O islamismo em si, não apenas pela prática do momento, mas também por causa dos fundamentos que apresenta, exige algo assim. É o jihadismo. Nós o chamamos de "guerra santa", mas eles o chamam de jihadismo, crendo que seja algo que fazem pelo Senhor, para salvação — inclusive dos que morrem. Para eles, é um serviço que prestam.

Quando olhamos para a profecia de Gênesis, vemos que o que acontece hoje com esse povo muçulmano é o cumprimento de uma profecia do Pentateuco. Quando Deus fala sobre Ismael e seus descendentes, os atuais árabes, vemos que eles são assim, violentos; são como, termo usado por Deus, "jumento selvagem", um animal violento. E assim é. Todos são contra Ismael, e ele é contra todos. Todos estão especialmente ligados ao seu irmão, que seria Isaque, além dos seus descendentes — Jacó, que virou Israel, e as doze tribos, os israelitas de hoje.

Na história, hoje, vemos árabes lançando bombas nos israelitas, e israelitas se defendendo, lançando bombas contra os árabes. Irmão brigando com irmão. Ambos são descendentes de Abraão. O que Deus disse no início do Pentateuco em Gênesis está se cumprindo até hoje. E quando vai acabar? É só olhar a profecia. Ela diz que isso nunca vai acabar, até que Jesus Cristo volte.

Em Gênesis, começa o chamado de Abraão, que tem Isaque. Em Isaque, estende-se a aliança. Deus vem a Isaque e renova a aliança com ele. Deus vai a Jacó, não a Esaú, e renova a aliança com Jacó; depois, renova a sua aliança com os doze; e assim Deus continuamente fez no Antigo Testamento. Com isso, percebemos que Gênesis é o livro da eleição desse povo que Deus escolheu para dele proceder o Messias. Dessa geração veio aquele que esmagaria a cabeça da serpente e daria início à igreja, que somos nós.

A igreja nasce dentro dessa história. É por isso que, quando Paulo escreve àqueles que não são judeus, não são israelitas e não têm nada a ver com Abraão (o pessoal que vivia na região da Galácia, da Antioquia da Pisídia, e todas aquelas cidades), diz que eles também são filhos de Abraão e que também são circuncidados, não mediante o corte na carne, mas, espiritualmente, no coração. Eles foram purificados. E essa é a ideia de circuncisão no Antigo Testamento. Circuncisão no coração os torna filhos de Abraão também. Isso não significa que nós nos tornamos herdeiros de todas as promessas que foram feitas a Abraão — por exemplo, não somos herdeiros da terra que foi prometida a ele; logo, existem coisas que Deus prometeu a Israel e que são só de Israel, não da igreja, mas existem coisas que Deus prometeu a Israel e que hoje desfrutamos, unindo-nos a ele em promessa.

Paulo fala disso quando escreve aos romanos. Você não pode ir a Israel hoje e reivindicar aquele território como seu; hoje, você está debaixo da promessa segundo a revelação de Paulo aos gálatas. Não funciona como diz o cântico: "Onde pisar a planta dos meus pés, possuirei." Deus não fez promessas assim para a sua igreja. E nós não recebemos a continuidade dessa promessa. Recebemos a continuidade de outras, mas não dessa. A promessa de um rei físico também não é para nós; outras promessas também não são para a igreja, mas apenas para Israel. Precisamos ter cuidado e distinguir as coisas que são para eles e permanecem para nós das coisas que não são.

CAPÍTULO OITO

A história da terra começa em Êxodo, quando, depois de escolhê-lo, Deus liberta esse povo, que, pelas razões que dei, tornou-se escravo no Egito durante muito tempo, impedido de voltar à terra onde seu pai um dia morou — Canaã —, onde nasceu Isaque. Agora quem ocupa essa terra são outros povos. Deus prometeu e cumpriu. Aliança, promessa incondicional. Independentemente do povo, Deus iria cumprir. E o povo voltou, e vemos isso no texto da libertação, no livro de Êxodo.

Uma vez que estavam lá, Deus lhes dá outro texto, que tem por objetivo santificar esse povo. Agora que foi chamado e liberto, esse povo precisa ter um encontro constante, diário e semanal com Deus. Esse encontro, chamado de "culto", é prescrito no livro de Levítico, que diz como eles deveriam se santificar e purificar.

Levítico é o livro mais cristão do Antigo Testamento. Os paralelos entre Levítico e os Evangelhos são impressionantes. Vemos paralelos em Levítico, assim como vemos em Pedro e no autor de Hebreus: se o sangue de bodes, touros, cabritos, novilhos etc., na antiga dispensação, na antiga aliança, no Antigo Testamento, purificava as pessoas para apresentá-las diante de Deus, quanto mais o sangue da nova aliança, do Novo Testamento, da nova dispensação, purificará todos aqueles que se apresentarão para servir a Deus. Ele purificará o nosso coração das nossas obras mortas e impuras.

Em Gênesis, temos a eleição; em Êxodo, a libertação; em Levítico, a santificação.

Agora entramos no livro de Números. Vamos fazer o que eu chamo de apenas "raspar a tinta". Não conseguiremos entrar na profundidade da letra para tentar entender em linhas gerais a ideia desse livro.

Números

O texto sagrado hebraico intitula esse livro de *BeMidbar* — בְּמִדְבַּר —, que significa "No deserto de". O título grego é ἀριθμός — *arithmos*, literalmente "números".

Esses números estão relacionados ao censo, presente em todo o livro de Números. O título hebraico indica como Deus usou o deserto para preparar uma geração toda, disposta a confiar nele e a cumprir a sua vontade, em plena obediência.

A razão pela qual o título grego permaneceu é a que já citei neste livro: quando aconteceu a tradução grega do Antigo Testamento, chamada Septuaginta, o título grego acabou permanecendo — pelo menos a primeira versão que ficou conhecida. Houve outras versões, como a famosa Vulgata Latina de Jerônimo, que mantiveram como título aquele que os gregos deram na Septuaginta, não o que os judeus deram no Antigo Testamento, na Bíblia hebraica. Como a maioria das versões bíblicas que surgiram depois da igreja primitiva usou como base a Vulgata Latina de Jerônimo e o texto grego da Septuaginta, foram mantidos os títulos gregos e latinos.

É por isso que todas as versões em português, em inglês e em alemão (todas as ocidentais, ou seja, as línguas derivadas do latim) mantêm os novos títulos gregos. É por isso que chamamos esse livro de Números, não de "No deserto", como os judeus chamam. Usamos o título greco-latino.

O título não é inspirado. Ele apenas facilita a identificação do livro que se pretende ler. *O livro é inspirado*. Os capítulos e versículos, que vêm de uma inserção posterior, também

CAPÍTULO OITO

não são inspirados; os subtítulos que estão antes de cada capítulo também não são inspirados. Tudo isso é apenas um recurso facilitador que as sociedades bíblicas criam para nos ajudar a entender as passagens. Por exemplo: "Jesus acalma a tempestade". Às vezes, esses títulos atrapalham: em Efésios 5, quando, a partir do versículo 18, é dito: "E não vos embriagueis com vinho, no qual há dissolução, mas enchei-vos do Espírito", e no versículo 21, quando é dito "sujeitando-vos uns aos outros no temor de Cristo", temos um título colocado pela Sociedade Bíblica do Brasil: *O lar cristão: marido e mulher*. O versículo 22, capítulo 5, diz: "As mulheres sejam submissas ao seu próprio marido."

No grego, está errado. Quando acaba o versículo 21, o texto já se emenda com o versículo 22. Aliás, quanto ao versículo 22, não está registrado em nenhum manuscrito conhecido até hoje que as mulheres devem se sujeitar ao marido. As esposas diriam: "Então, eu não tenho que me sujeitar ao meu marido?" Eu digo que têm. O ponto é que o versículo 22 está ligado ao versículo 21, que diz: "sujeitando-vos uns aos outros no temor de Cristo", por sua vez ligado ao versículo 18, que fala sobre encher-se do Espírito Santo. Uma das maneiras de nós nos enchermos do Espírito Santo, na estrutura literária grega, é sujeitando-nos uns aos outros.

Paulo explica que isso começa no lar. Ele diz como as mulheres fazem isso e, depois, como os homens fazem isso. No que diz respeito à sujeição do homem a Cristo e à maneira em que é submisso a Cristo, ele deve amar sua esposa em sujeição também — quando, por exemplo, nega a si mesmo, nega sua vontade, nega seu prazer ou nega seu lazer para poder fazer por ela o que faria pelo seu próprio corpo.

Paulo disse, inspirado pelo Espírito de Jesus, no final do capítulo 5, que aquele que ama a sua esposa deve amá-la como ao seu próprio corpo. O que ele está dizendo com isso é que o homem deve esquecer de si mesmo. E isso não é outra coisa senão sujeição. Outro tipo de sujeição. Não é sujeição como em casa, quando o homem dá a última palavra: "Sim, senhora!" É a sujeição na qual ambos compreendem seu papel e se complementam. O marido lidera ciente de que tem uma responsabilidade e que haverá de prestar contas diante de Deus um dia. Inclusive pelo seu lado "banana" de ser. Nós, homens, vamos prestar contas da vida espiritual de nossa esposa. E esse é um tipo de sujeição.

Às vezes, a Sociedade Bíblica atrapalha, porque sua intervenção dá a ideia de que os deveres conjugais registrados a partir do versículo 22 não têm nada a ver com o que está escrito antes, mas têm tudo a ver. Essa é a maneira de nos enchermos do Espírito também.

Paulo conclui seu ponto, no capítulo 6 de Efésios, dizendo que a nossa luta não é contra carne ou sangue. Ele está falando da nossa casa. Infelizmente, por causa desses subtítulos que não são inspirados, achamos que ele está começando outro assunto: ponto; agora é batalha espiritual. Não, Paulo não era louco. Ele estava escrevendo um livro. Um assunto estava ligado ao outro. O capítulo 6 de Efésios, que trata de batalha espiritual, está dentro do contexto da família, que está dentro do contexto de encher-se do Espírito Santo, o qual começa no versículo 18. Antes disso, vemos palavras de Paulo sobre a unidade da igreja. Depois, ele termina falando sobre onde a igreja e os avivamentos nascem e também sobre onde as batalhas espirituais que desaguam na igreja começam: na nossa casa, na nossa família.

CAPÍTULO OITO

Quando você compreende essa estrutura grega do texto, percebe que existe uma rica mensagem por trás dela. Por isso, não se prenda a títulos, subtítulos e capítulos, achando que o assunto acabou em razão do título colocado ali. Paulo não dividiu o texto em capítulos e versículos, nem outros autores do Antigo Testamento e do Novo Testamento o fizeram. É importante que tenhamos uma visão geral do livro, para entender onde começa e onde termina a mensagem que está sendo proposta. A isso, damos o nome de "perícope", ou seja, a extensão de uma mensagem dentro de um texto revelado — onde a mensagem começa e onde termina. Às vezes, ela começa e termina fora do encerramento de um capítulo. Isso fica mais fácil de perceber quando você tem acesso aos originais.

Assim, entendemos que o título hebraico não é o mesmo que nós usamos. Títulos, subtítulos, capítulos e versículos, como eu disse, não são tão importantes assim. O que é importante é o texto.

O autor é Moisés, que é um nome egípcio. Mas, transliterado para o hebraico, é *Moshe*, pelos mesmos motivos que já apresentei em Gênesis, Êxodo e Levítico: fontes dentro do Pentateuco dizem que o livro é de Moisés; fontes fora do Pentateuco citam o Pentateuco, dizendo que a autoria é de Moisés; fontes no Novo Testamento citam o Pentateuco, mencionando Moisés. Veja exemplos em Números 1.1; 2.1; 4.1; 33.1-2, dentre outros.

Essas são informações que apontam Moisés como o autor do livro de Números.

A data aproximada de Números é entre 1440 e 1400 a.C.

Quanto ao gênero literário, em Números encontramos:

PERÍODOS NARRATIVOS — ou seja, história (capítulo 4);
POESIA (capítulo 21);

PROFECIA (capítulo 24);
CANTO de vitória (capítulo 21);
ORAÇÃO (capítulo 12);
BÊNÇÃO, que é a bênção aarônica (capítulo 6);
SÁTIRA (capítulo 22);
CARTA diplomática (capítulo 21);
um pouco sobre
LEI CIVIL (capítulo 27);
LEIS sobre culto — uma espécie de repetição, com alguma coisa nova daquilo que já havia sido apresentado em Levítico (capítulo 15);
DECISÃO ORACULAR, uma espécie de decisão que vem após revelação ou profecia (capítulo 15);
LISTA de recenseamento, listando nomes, visando a desde saber quanto imposto seria arrecadado com base na quantidade de pessoas até com quantos se poderia ir à guerra (capítulo 26);
ARQUIVO do templo (capítulo 7) — uma seção bem grande, que vai do versículo 10 ao 88;
um pouco sobre
ITINERÁRIO, ou seja, o registro de por onde eles passaram (capítulo 31).

Todas essas diferentes formas de relatar a história são descritas em Números como gêneros literários distintos, usados por Moisés. É um livro bastante rico no que diz respeito à sua literatura. Segundo Dillard e Longman III, "é melhor considerar o gênero de Números como escrita histórica instrutiva". São muitos os seus gêneros literários; não é possível dizer que ele tem um só gênero, como Levítico, no qual há leis, com pouca narrativa; ou Gênesis, com muita narrativa e quase nada de leis; ou outros gêneros que encontramos no Antigo Testamento. No livro de Números, não conseguimos elaborar essa classificação, pois ele é muito rico em termos de literatura.

Estrutura do livro

A estrutura de Números é extremamente difícil de analisar, exatamente por causa do seu gênero literário, que é bastante complexo. Uma pesquisa realizada em 46 compêndios de comentários bíblicos revelou que 24 esquemas são propostos para Números. Cada autor de um livro de comentário bíblico sempre anota, no início de sua obra, um esboço, uma pequena introdução falando de itens como autor, destinatário, cidade, tempo, época, contexto e outras coisas relevantes a respeito do livro bíblico que será comentado; comenta-se sobre se o livro aponta para Cristo e de que maneira o faz; além disso, são citados vários outros itens que revelam características introdutórias à mensagem do livro. Quando se faz um esboço do livro no final da introdução do comentário, o autor fornece o esquema do que ele encontrou no livro. Espera-se que, para comentar, esse autor tenha pesquisado nas línguas originais.

Assim, temos que, de 46 comentários sobre o livro de Números, 24 apresentam informações diferentes a respeito de como Moisés o estruturou. De fato, é um livro com um gênero literário bastante complexo.

As duas correntes mais aceitas são as que dividem Números em cronologia e geografia. Isso é muito interessante. Existe uma estrutura proposta, tendo como base a cronologia, a qual vamos conferir agora.

NÚMEROS: A INSTRUÇÃO DA NAÇÃO EM MEIO AO DESERTO

> **CAPÍTULOS 1—10.11** — começa no primeiro dia do segundo mês até o décimo nono dia de perambulação no deserto. Esses termos aparecem em cada um desses versículos mencionados.
>
> **CAPÍTULOS 10.12—21.9** — esses capítulos não são datados exatamente, mas incluem os quarenta anos de peregrinação no deserto.
>
> **CAPÍTULOS 21.10—36.13** — cinco meses durante o quadragésimo ano no deserto (os cinco últimos meses do último ano dos quarenta anos de peregrinação).

Do início ao fim dos quarenta anos do deserto, essa é uma das estruturas mais usadas para dizer como o livro de Números é estruturado. Assim, a corrente da cronologia estrutura Números em três partes. Primeira parte: primeiros meses; segunda parte: quarenta anos, incluindo os primeiros meses; terceira e última parte: cinco últimos meses. Foi assim que Moisés quis estruturar seu livro. Ele quis contar o que aconteceu do início ao fim — do primeiro ao último dia de peregrinação.

Por outro lado, temos a estrutura que prima pela geografia, não pela data:

> **CAPÍTULOS 1.1—10.10** — destaca-se o deserto do Sinai. Tudo que acontece nesses dez primeiros capítulos está ligado ao Sinai e ao deserto.
>
> **CAPÍTULOS 10.11—21.13** — tudo o que acontece na área ao redor de Cades.
>
> **CAPÍTULOS 20.14—36.13** — de Cades a Moabe.

CAPÍTULO OITO

Assim, temos aqui a divisão de Números com base na topografia ou na geografia: Sinai, Cades, Moabe.

As duas vertentes são verdadeiras, tanto a cronológica quanto a geográfica. Há, de fato, três partes em Números: o comecinho da história, a história como um todo, em quarenta anos, e o desfecho dessa história. Por trás dessa estrutura, existe uma mensagem. Qual é a mensagem do livro de Números?

O início dessa mensagem se dá, segundo alguns comentaristas, do capítulo 1 ao 25, e o encerramento dessa mensagem pode ser visto do capítulo 26 ao 36. A primeira parte trata de pecado e julgamento; a segunda, de otimismo e esperança. Entre essas partes, há um texto que figura como um texto-núcleo, um eixo central — os capítulos 13 e 14, dentro dos quais algumas coisas muito interessantes acontecem.

A ideia de Números, em resumo, é dizer tudo o que acontece no deserto. É mostrar como Deus quis instruir o povo santificado, dizendo como deveriam caminhar. Os quarenta anos de peregrinação, na verdade, foram um resumo de toda a vida desse povo. Os quarenta anos de história são uma preparação.

Quando olhamos para essa história, vemos a nossa história. Também vivemos em um deserto. Também rumamos para a Terra Prometida. Também temos um líder e guia, aquele que sucedeu Moisés. Aliás, na época de Moisés se prenunciou a vinda daquele que seria o sucessor de Moisés e que no Novo Testamento é revelado na pessoa de Jesus Cristo.

Hoje, também vivemos debaixo da proteção de Deus durante as noites. E durante os dias também temos sua direção, sua presença e sua mão nos guiando. Também contamos com a provisão diária que desce da graça do Senhor para nos sustentar. E também vivemos com pessoas que são do povo de Deus, mas que não têm temor nenhum a Deus. Elas estão caminhando conosco, estão dentro da chamada "família da aliança", mas não são eleitas, não são salvas, não são convertidas.

No deserto, isso também acontecia. No Novo Testamento, também aconteceu. Em Hebreus 6, lemos sobre alguns que caíram e não puderam se arrepender mais. Muitas pessoas acham essa passagem difícil de entender, mas isso acontece porque elas não leem os outros capítulos. Não leem o capítulo 10, não leem o final do capítulo 11, não observam o contexto da passagem. Dessa forma, prestam um desserviço, elaborando toda uma teologia equivocada com relação ao texto.

A passagem de Hebreus 6 nos ensina que, mesmo no povo de Deus, é possível haver pessoas experimentando tudo o que Deus oferece àqueles que são dele, provando as bênçãos do Espírito Santo, mas que de alguma maneira caíram, se afastaram e deixaram o caminho da verdade. Encontramos isso na antiga aliança. Encontramos isso no antigo Israel. Havia pessoas que caminhavam com o povo, que estavam no meio do povo, que provavam a ação do Espírito ali, diante dos olhos do povo, que glorificavam a Deus com o povo que recebeu a promessa, mas que, no fundo, voltavam o tempo todo para o pecado. É esse paralelo que vemos em Hebreus 6. Na verdade, todo o livro de Hebreus é uma "recordação" ou uma espécie de "ressuscitação" do Pentateuco, de toda essa visão sacerdotal e também histórica desse período crucial na história de Israel, apontando para a mesma realidade possível dentro da igreja de Jesus Cristo.

É diante desse cenário de Hebreus 6 que você pode olhar para o lado e pensar: "Não é possível que esse aí seja crente! Olha o que ele fez, o que falou, o que postou no Facebook! Olha o comportamento dele na família! Veja como trata a esposa! Olha como é o namoro dele!" Aí o pastor tem um problema para resolver. Era assim também na antiga dispensação, na antiga aliança, no Antigo Testamento, no antigo pacto. Tudo igual, com ligeiras diferenças.

O livro de Números, portanto, é dado com o objetivo de instruir os que são de Deus sobre como deveriam viver. Em resumo, Números nos mostra como, à medida que o povo recebia a instrução de Deus, poucos a abraçavam e criam nela. E uma grande parte não cria, não recebia, mas estava ali. O livro bem poderia ser resumido nestas palavras: *marchando e murmurando*.

Hoje em dia, não existe gente assim, que está no culto dando glória a Deus, mas que sai dali falando mal do pastor, reclamando da vida, do marido, da esposa e do emprego? É a mesma história, o mesmo povo. Para onde você acha que esses crentes vão? Para o mesmo lugar que Deus mandou aquele povo do deserto! Eles serão combustível para o fogo, ao lado daquelas mesmas pessoas. O céu não é para eles. O céu é para as pessoas em cujos lábios não existe murmúrio, mas gratidão, contentamento e louvor por aquilo que Deus tem feito e dado a nós.

Aquele que não conhece o Senhor até desfruta das coisas que Deus dá, mas o tempo todo retorna para o mal. Quando chegar o último dia, não haverá salvação para essas pessoas. São aquelas sobre as quais Hebreus 6 fala: a chuva cai, e nada brota, nada nasce; a semente é sufocada e logo morre — algo muito semelhante com o que Jesus Cristo disse na parábola do semeador. Tanto em Números quanto em Hebreus 6, vemos, nas histórias, um povo dentro do povo: estão ali pedindo oração, levantando a mão, participando de tudo. É o chamado "joio", que se parece muito com o trigo. E não podemos pôr a mão nele, porque o dono de tudo vai, um dia, fazer a separação. Ele vai colher o trigo, ceifar o joio e mandar o joio para queimar. Mas está tudo junto, joio e trigo... E você não pode fazer absolutamente nada sobre isso!

Isso é tão frustrante para quem é pastor... Temos na mão a foice, e a vontade que temos é a de separar. Não sabemos de todo mundo, mas desconfiamos de um montão. Há pastores que são loucos e fazem a separação, mas Jesus nos disse que isso não era permitido. Chegará o dia em que ele separará os que são dele daqueles que não são. Esse dia, o dia da eternidade, será o dia da verdade, quando as máscaras cairão. Somente aqueles que realmente amam o Senhor vão permanecer.

> **RESUMO**
>
> **GÊNESIS:** formação da nação
> **ÊXODO:** salvação da nação
> **LEVÍTICO:** santificação da nação
> **NÚMEROS:** educação da nação
>
> Com uma só palavra:
> Gênesis = eleição (da nação)
> Êxodo = libertação (da nação)
> Levítico = santificação
> Números = instrução ou educação

Em nossa vida com o Senhor é assim: primeiro, Deus nos chama, nos escolhe; depois, ele nos liberta, santifica, ensina e

CAPÍTULO OITO

instrui. Foi assim que também um dia o Senhor Jesus ensinou aos seus discípulos.

No livro de Levítico, vemos a ênfase no culto e na pureza da vida diária. No nosso caso, podemos pensar no culto dos cristãos e na pureza de sua vida diária, embora o livro de Levítico não registre nada sobre o culto cristão na prática — nada sobre liturgia, sobre ordem de culto, por exemplo. Contudo, as intenções por trás das leis permanecem: ver pureza e santidade na vida daqueles que se apresentam diante de Deus.

O livro de Números enfatiza o caminhar do cristão: a peregrinação, por quarenta anos, em lugares diferentes, assim como acontece na sua vida. Primeiro, Deus santifica você no dia do encontro; depois, instrui como você vai caminhar nesta vida, neste mundo que às vezes parece um deserto. A sua vida também é uma peregrinação. A sua história também é uma jornada, cujo final é na Terra Prometida por Jesus, o lugar que ele chamou de "novo céu" e "nova terra".

O livro de Números poderia ser resumido com a seguinte expressão: *marchando e murmurando*. É isso que vemos no livro todo.

Em Números 11, não vemos apenas instrução. Sempre há, com o povo da aliança, ao lado dos eleitos, aqueles que são joio. E como descobrimos o joio? Fácil! Pela murmuração. Crente que é crente não vive murmurando. De vez em quando, o crente reclama de uma coisa ou outra, mas não existe na vida dele um contexto contínuo de murmuração.

Sabe aquela pessoa a quem não podemos nem perguntar se está tudo bem? Você chega à igreja e diz: "Boa noite!" A pessoa responde: "Boa noite!" Se você, na sequência, perguntar: "Tudo bem?", prepare-se. Senta, que lá vem história! A pessoa vai falar do marido, da esposa, do filho, da vizinha, da chuva, do sol, do trânsito, do emprego, das varizes, de tudo!

Uma vez, ao me ouvir falar sobre isso, uma senhora me disse:

— Pastor, mas Jesus falou que a gente tem que chorar uns com os outros.

Respondi:

— Irmã, amém. Mas o problema é que é só isso o tempo todo. Não se ouve uma palavra de gratidão. Quando pergunto: "Tudo bem?", a senhora nunca responde que está tudo bem! Nunca! Alguma coisa está errada. Temos que chorar com quem chora, mas também nos alegrar com quem se alegra. Quando é que a senhora se alegra? Nunca! É por isso que ninguém quer ficar perto.

Ela reclamava que ninguém ligava para ela, ninguém mais a visitava, ninguém perguntava se estava tudo bem. Assim, ela começou a achar estranho.

Quadro de depressão

A vida da pessoa que vive a murmurar e a reclamar é a de alguém que pode entrar numa depressão. Uma das portas de entrada para a depressão é a murmuração. E uma das coisas que demonstram que a pessoa está entrando em depressão é o desejo de morrer. Não sou eu que estou dizendo isso nem a Bíblia. São todos aqueles que lidam com os depressivos e escrevem tratados, estudos e pesquisas científicos, publicando-os em periódicos acadêmicos. Toda pessoa que apresenta tendência ou desejo suicida, sincero e público, está entrando em depressão — se é que já não se encontra nesse estado.

Existem, assim, orientações bíblicas, para pastores e cristãos, a respeito de como aconselhar essas pessoas, a fim de que elas saiam desse lugar de depressão.

CAPÍTULO OITO

Em Números 11, vemos esse assunto desde o primeiro versículo. No versículo 1, o povo reclamou; Deus mandou fogo do céu. Agora, estavam voltando a reclamar. Esse povo era louco. Assim é a pessoa que está no meio do povo de Deus, mas que não tem temor a ele. Reclama de tudo. Daqui a pouco, está reclamando de novo. Não aprende. É exortada, é aconselhada, às vezes até disciplinada, mas não adianta. Ela está morta espiritualmente. A exortação não penetra em sua alma, não produz mudança. É por isso que não adianta aconselhar biblicamente alguém que não é convertido. Você está falando com a parede, com um morto. É loucura dar conselhos a alguém que não tem o temor do Senhor.

O povo, em Números, voltou a reclamar logo depois que o Senhor os disciplinou e mostrou-lhes a sua ira. Era muita gente perturbando Moisés. Você já teve uma, duas, três, dez pessoas, um povo inteiro reclamando, perturbando você? Imagina como estava a cabeça de Moisés. Você sobreviveria se estivesse no lugar dele?

Quando você não aguenta mais de tristeza, não suporta mais a pressão dos outros, quando já se sente sobrecarregado e oprimido pela responsabilidade, pela murmuração, o que tem que fazer? Uma coisa é certa: você não tem que "bater boca", não tem que se queixar com o seu vizinho nem com o seu pastor.

O versículo 11 é uma *lamentação*, que é diferente de *murmuração*. Murmuração é algo que Deus abomina; lamentação, Deus recebe com bom gosto — temos um livro de lamentações na Palavra. Moisés, assim, está orando em lamentação. Nos versículos 16 e 17, Deus responde. Deus foi sensível ao sofrimento de Moisés; viu que ele estava sozinho. Sabe aquela pessoa que diz: "Deus, eu quero!" E Deus diz: "Você quer? Vou dar. Para a sua ruína, mas vou dar. Não é isso que você quer?" Foi assim que Deus fez com Moisés.

Deus tinha dito a Moisés que um rei viria. Ao longo do tempo dos juízes, foi dito que um rei viria, mas seria um rei segundo o coração do Senhor. Esse rei seria Davi; o próprio Deus descreve isso. Contudo, chegou um tempo em que o povo disse: "Queremos um rei e agora!" O povo começou a insistir, a bater naquela tecla, com ansiedade, afobação, exasperação. "Por que todo mundo tem rei e só a gente não tem? Por que não podemos ter um rei?" Deus disse: "Vocês vão ter um rei, mas não é agora. Calma!"

Todo mundo namora! Todo mundo casou! Estou ficando para titia, para titio! Vou casar com o primeiro que aparecer!

Calma.

Isso pode se aplicar ao trabalho, ao estudo, ao ministério, a tudo. Há um tempo no qual Deus há de dar aquilo que prometeu fazer.

Como o povo insistiu tanto em ter um rei, Deus disse: "Vocês terão o seu rei." E Deus deu a eles Saul, mas este não era um rei segundo o coração do Senhor. Ele foi o rei mais atrapalhado (não foi o pior, pois o pior foi Acabe, mas foi o mais atrapalhado de todos os reis da história de Israel). Diante de tanta desobediência, Saul teve o Espírito do Senhor tirado dele; foi colocado nele um demônio. Por fim, ele morreu pedindo que alguém o matasse, porque ele era um rei segundo o coração dos homens. Logo após Saul, o povo quis outro rei, mas segundo o coração dos homens. Deus não permitiu. Por meio de Samuel, o novo rei foi um homem segundo o coração de Deus. Aos olhos dos homens, Davi, o novo rei, não daria em nada. Esse jovenzinho nem contado foi entre os filhos de Jessé.

CAPÍTULO OITO

Deus tem os seus caminhos. E nós precisamos ouvir suas instruções se quisermos viver bem neste mundo.

O livro de Números é tudo isso. Deus instrui, para que seu povo viva bem. Não ouça, e sofra as consequências! Fique murmurando e reclamando o tempo todo, e você verá que o mesmo juízo chegará a você. Não chegará de uma hora para outra; não será como um raio caindo na sua cabeça, mas talvez chegue naquela mesma hora em que você estiver se satisfazendo com aquele pecado que tanto queria cometer na sua vida.

O livro de Números nos ensina que devemos buscar o Senhor e nos contentar com o Deus da nossa salvação.

Amém!

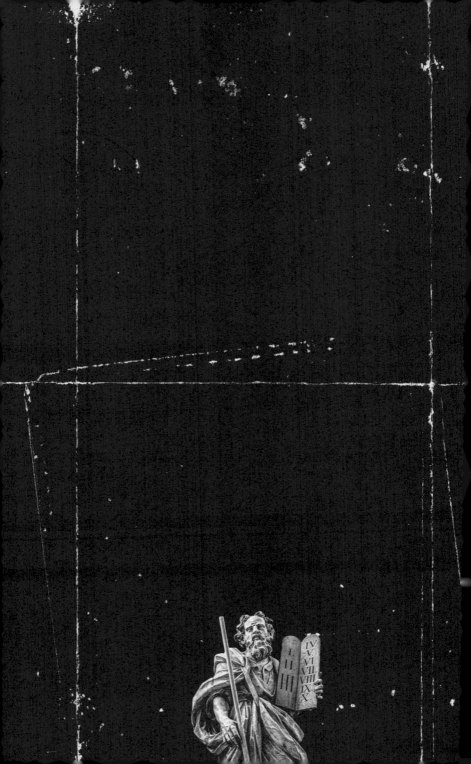

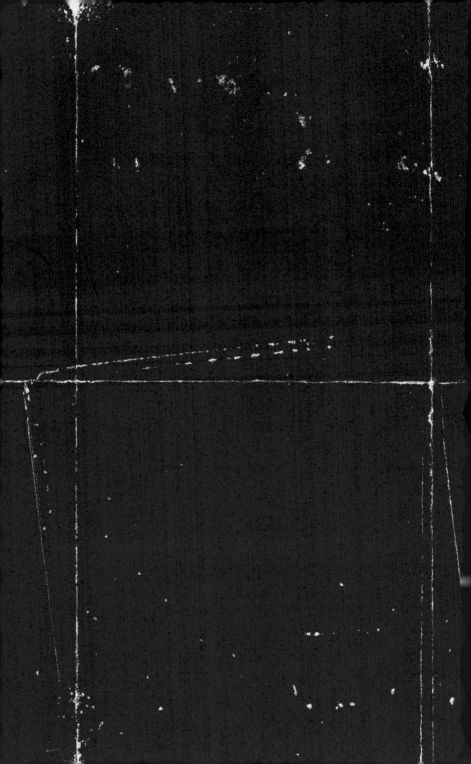

DEUTERONÔMIO: OBEDIÊNCIA POR AMOR

NO LIVRO DE NÚMEROS, a perseverança é o principal ponto. Perseverança é essencial. Vemos ali milhões de pessoas que saíram do Egito, mas somente duas puderam entrar na Terra Prometida. Os coroados não são os que começam bem, mas os que terminam bem. Essa é a grande lição que o livro de Números nos ensina.

Algumas aplicações que encontramos no Novo Testamento são as que estão em 1Coríntios 10 e também em Hebreus 3.12-19, incentivando-nos também a caminhar como povo de Deus na terra, a viver de modo digno e a aplicar toda a instrução que recebemos do Senhor em nossa vida no dia a dia. Se assim fizermos, honraremos o Senhor, como muitos o honraram no período do Antigo Testamento.

Deuteronômio

Sobre o título אֵלֶּה הַדְּבָרִים = *'Elleh Hadevaryim*, que significa "Estas são as palavras". Assim começa o livro de Deuteronômio.

DEUTERONÔMIO 1.1 — "São estas as palavras..."

Na Septuaginta, não foi esse o nome dado ao livro, mas δευτερονόμιον *(deuteronomion)*, que significa literalmente "segunda lei". O nome não é muito apropriado, dada a tradução de Deuteronômio 17.18. Quando o texto fala sobre "escrever uma repetição", uma "cópia" dessa lei, a tradução interpreta como δευτερονόμιον, uma segunda lei, uma segunda cópia da lei. Mas não é essa a intenção de Moisés nem era essa a ideia de Deus. Logo, de todos os títulos gregos usados no Pentateuco, Deuteronômio é o pior. Deuteronômio é tudo, menos uma segunda lei, ou uma segunda apresentação da lei. Em hebraico, entendemos que Deuteronômio é uma "cópia" da lei, não uma segunda lei.

Autoria e data

Apesar de o livro de Deuteronômio ser um dos mais atacados nos últimos 150 anos, 1.5 e 31.9,24 dão testemunho interno da autoria de Moisés.

Em 1Reis 8.53, ou seja, fora do Pentateuco, também encontramos o testemunho de que Moisés é o autor. Atos 3.22 cita Deuteronômio 18 e sua autoria mosaica. Romanos 10.19, igualmente.

Apesar de todos esses testemunhos, os críticos racionalistas, a partir do século 19 (falei mais sobre eles nos capítulos iniciais deste livro), afirmam que Deuteronômio é uma fraude piedosa dos reformistas de Judá do século 7 a.C. Eles dizem que é uma fraude bem-intencionada. Na verdade, essa é uma grave acusação, que tem como intenção retirar a autoridade desse livro.

A autoria de Deuteronômio situa-se também entre 1400 e 1450 a.C. — é uma data aproximada; não conseguimos sabê-la exatamente. Entende-se que houve uma breve atividade editorial no tempo de Josué, sobretudo no capítulo 34.

Sobre Deuteronômio 34.1-8, obviamente sabemos que não foi Moisés que escreveu isso. Entendo que houve uma breve atividade editorial no livro de Deuteronômio, causando uma espécie de confusão. Alguns entendem que Josué tenha sido a pessoa que fez isso, porque ele era a maior autoridade não só militar e governamental, mas também espiritual do povo, e seria o único que teria, digamos, peso para acrescentar alguma coisa à Torá, à Lei, aos livros de Moisés. Essa atividade, portanto, existiu, mas ela não mancha nem contradiz o que é dito nos demais livros da Bíblia.

Forma do livro

TÍTULO
PREÂMBULO histórico
PRÓLOGO histórico
RECORDAÇÃO das estipulações da aliança (bênçãos e maldições)
RESUMO sobre as exigências da aliança
PROVISÃO para a transição

Deuteronômio, na verdade, é quase um Números; só não é porque nele não temos instrução — aliás, temos, mas não com o objetivo de Números. Exemplo: Imagine eu aqui instruindo a respeito de como não mentir, dizendo que a mentira é pecado. Estou ensinando traços, formas e motivações que levam a pessoa a mentir. Pronto. Ensinei. É assim que também acontece no livro de Números. A proposta é instrução. Depois de alguns anos, dou outro curso e falo também sobre mentira, mas agora não vou ensinar o que é mentira, as motivações da mentira e outras coisas já ensinadas em Números. Agora vou incentivar a perseverar na verdade, dizendo que é preciso obedecer a tudo aquilo que já foi aprendido — não por obrigação ou porque a desobediência leva ao inferno, mas por amor. Digo que é preciso falar a verdade e fugir da mentira, por amor a Jesus Cristo, que é Deus. Assim, por amor a Deus, obedeçam. A instrução já foi recebida. Posso até recordar algumas coisas já instruídas, mas agora a ênfase é: "Obedeçam por amor, não por obrigação."

O livro de Deuteronômio é isso. São instruções dadas com o objetivo de levar o povo a obedecer por amor, não por obrigação.

Meredith Kline, grande autor sobre o Antigo Testamento, em geral é muito bom. Ele fala sobre o tratado de suserania e vassalagem, no qual Deus é apresentado como suserano, e seu povo, como vassalo. Existe uma aliança entre o suserano e o vassalo; existem estipulações legais de cada uma das partes — aquilo que pertence ao suserano, que ele domina, que governa; e aquilo que se espera dos que são governados, protegidos, alimentados, que estão subordinados a esse suserano. Aparentemente, Deuteronômio fala disso. É a história de um povo que está diante de seu soberano, de como esse povo se relaciona com esse soberano e por que se relaciona com ele — com qual motivação.

Uma aplicação do livro de Deuteronômio poderia ser: obedecer por amor, simplesmente assim. Deuteronômio clama por uma internalização da lei de Deus.

Como eu disse, a ideia de Deuteronômio é a de uma recordação da aliança e das bênçãos e maldições que estão dentro da aliança. Vemos muito isso especialmente em 28.29. Deus fala muito sobre bênção e maldição. Em resumo, Deus diz: "Se obedecerem, vocês serão abençoados; se não

CAPÍTULO NOVE

obedecerem, não serão abençoados." É mais ou menos assim: "Enquanto vocês estiverem aqui na minha mão, seguindo as minhas orientações e o caminho que tenho apontado, vocês estarão bem, mas, quando derem as costas para mim e não quiserem mais a minha presença, terão que arcar com as consequências."

O que significa para um povo que viveu quarenta anos no deserto não contar mais com a presença e com a mão de Deus? Significa ser presa fácil do inimigo. Não pense você que Israel conquistou Jericó e as demais cidades de Canaã porque era militarmente capaz, poderoso, bem-instruído, porque passou quarenta anos treinando táticas de guerrilha, criando armamentos, discutindo como invadir cidades. Não! Israel passou quarenta anos reclamando do maná; e passou quarenta anos vendo o poder de Deus, mas caminhando, girando e girando, até que chegou às campinas de Moabe, onde Moisés morreu.

Esse povo recém-saído da escravidão, constituído de outros que nasceram durante a peregrinação, era como beduínos do deserto que não tinham habilidade militar nenhuma para invadir esses lugares. Se não fosse a instrução de Deus, eles jamais conquistariam nada.

É por isso que, nos livros de Josué e de Juízes, Deus diz que eles habitam casas que não construíram, colhem de plantações que não plantaram, vivem uma vida pela qual não se esforçaram. Deus diz: "Eu lhes dei. A minha mão estava com vocês, por isso vocês receberam o que receberam."

Deuteronômio, antes de tudo isso começar, é Deus dizendo: *"Olhem, enquanto vocês estiverem comigo, tudo terão. Eu estarei com vocês.* Mas, no dia em que me derem as costas, minha mão não estará com vocês. A consequência disso será maldição sobre maldição. Por que eu sou ruim? Não! Porque vocês são ruins e não querem ficar comigo. Porque vocês se consideram os melhores e acham que podem encontrar coisas melhores longe das minhas mãos. Vocês vão arcar com as consequências disso. Mas, caso se arrependam lá na frente, depois de tanto quebrar a cara, voltem para mim. Arrependam-se, e eu voltarei a abençoar vocês."

A história de Israel no Antigo Testamento, depois que o Pentateuco se encerra, é a história de um povo que vive debaixo da bênção e da maldição. Quando obedece, está tudo bem; quando não obedece, está tudo mal. O livro de Josué é quase todo baseado em bênção, mas no final o povo está quase na maldição. É quando eles jogam fora todos os ídolos, e começa o período dos Juízes, que dura mais ou menos 400-500 anos. Vemos, em juízes, o povo clamando pela misericórdia de Deus; Deus vem e dá o socorro. Nesse tempo, não havia rei em Israel, e cada um andava "segundo o próprio coração", expressão que aparece diversas vezes no livro de Juízes.

Quando eles começam a viver segundo o seu próprio coração, não segundo aquilo que Deus lembrou a eles em Deuteronômio, dá tudo errado! O povo perde cidades, terra, família. Assim, pediam a Deus que os libertasse. Deus levantava um libertador, que era um juiz — que de juiz não tinha nada; por isso, "Juízes" é outro título de livro que não é apropriado. Nenhum juiz julgou. O único juiz que julgou não era juiz, mas juíza: Débora. Todos os outros eram libertadores.

Esta era a razão pela qual existiram os juízes: para libertar o povo e, depois, julgá-lo, no sentido de lançar o julgamento, dizendo: "Vocês sofreram o que sofreram porque deram as costas

CAPÍTULO NOVE

para Deus, mas ele foi misericordioso e me levantou para libertar vocês. Permaneçam assim." Eles permaneciam, mas apenas por um tempo; depois voltavam ao pecado. Casa, terra, família, bens — tudo era perdido novamente; pediam misericórdia, e Deus levantava outro juiz libertador, que os libertava. Esse juiz dizia o motivo das perdas. Depois, morria esse juiz, e tudo voltava a um cenário problemático. Uma verdadeira montanha-russa de bênção e maldição.

Chega-se a um ponto em que o povo diz que não aguenta mais ter juízes. O povo quer um rei. Então, Deus dá a eles Saul, que foi maldição; depois, dá Davi, que foi bênção. Deus também deu Salomão, que foi uma grande bênção, embora tenha feito muita coisa errada; ele conseguiu avançar as fronteiras a lugares que Israel nunca mais voltou a possuir até os dias de hoje.

Em Deuteronômio, portanto, Deus quer que o povo internalize sua lei, fazendo dela não meramente uma obrigação. Deuteronômio é um clamor para que o povo ame ao Senhor e queira de coração agir segundo a vontade dele.

Num paralelo com o Novo Testamento, vemos que, quando Jesus Cristo é tentado pelo Diabo, ele usa Deuteronômio para responder. Quando é questionado sobre o mandamento, cita Deuteronômio também. Nas duas passagens, Jesus estava falando de coração. Nos versículos 4, 8 e 12 de Lucas 4, quando é desafiado pelo Diabo, nas três tentações, a motivação de Jesus para obedecer e não cair em tentação não foi a obrigação, mas o amor a Deus. "Ao Senhor, teu Deus, adorarás e só a ele darás culto."

Qual é a ideia que absorvemos disso? Cultuar, amar, adorar, viver com, se alimentar da Palavra, não apenas querer bênçãos.

As bênçãos são boas — "nem só de pão", mas também de pão. Contudo, além do pão, há algo melhor, que é o próprio Deus e seu alimento.

Quando Jesus é questionado sobre o maior de todos os mandamentos, responde dizendo que é amar ao Senhor com todo o coração, com toda a alma e com todo o entendimento — isso foi escrito pela primeira vez na história em Deuteronômio. É em Deuteronômio que o Senhor diz que devemos amá-lo dessa forma, acima de todas as coisas. É em Deuteronômio que o Senhor enfatiza a realidade de ele ser um só Deus. Em Deuteronômio 6.4, ele diz que há um só Deus e único Senhor e que é a ele que temos de adorar.

Nós, que somos pais, temos que ensinar isso aos nossos filhos: é preciso que seja de coração. E devemos ensinar não só na igreja, mas ao sentar, ao caminhar, ao comer, ao deitar. Deuteronômio 6.9 diz: "as escreverás nos umbrais de tua casa". São lembretes. Hoje, seriam versículos bíblicos. Devemos procurar internalizar a lei o tempo todo, para não fazer dela uma mera obediência morta.

Em Gênesis, Deus nos escolhe; em Êxodo, nos liberta; em Levítico, nos prepara para o culto e nos santifica; em Números, nos instrui; e, em Deuteronômio, diz o seguinte: "No que respeita a tudo o que você está vivenciando agora, a toda essa instrução, não seja obediente só porque tem de fazê-lo, mas porque você me ama de todo o coração."

O livro de Deuteronômio unido aos anteriores é um resumo da nossa própria história. É assim que Deus permanece agindo conosco. É dessa maneira que Deus continua nos chamando, para viver com a sua lei em nosso interior, como quem o ama, com tudo que há em nós.

CAPÍTULO NOVE

Assim ele disse, e Moisés registrou em Deuteronômio 10.12: daquele povo que entraria na terra de Canaã e que herdaria a Terra Prometida, ele esperava obediência gerada pelo amor — não porque Moisés ordenou.

Quando Jesus Cristo vem e nos prescreve uma série de coisas sobre jejum, oração, perdão, pecados — uma série de ensinamentos —, e depois os apóstolos, inspirados pelo Espírito, falam sobre tudo isso de novo, e de novo, temos a pergunta: "Em que se resume a lei?" Quando perguntaram isso ao Senhor Jesus, ele voltou a Deuteronômio, porque a ideia ainda hoje permanece a mesma.

Hoje, você é eleito, salvo, chamado; você é a pessoa que foi liberta do império das trevas. E hoje você é a pessoa que Deus tem santificado. Hoje, você é a pessoa que Deus tem edificado, instruído, ensinado. E o que você faz com tudo isso? Não pode ser algo morto em sua vida, mas deve gerar um verdadeiro amor pelo Senhor. Se tudo que você tem aprendido não levar o seu coração a amar mais a Deus, então você estará com aqueles que no deserto não aprenderam o que Deus quis ensinar. Eles sabiam muito sobre Deus. Eles viram o poder de Deus — viram mesmo, ali no deserto, mas em seu coração não havia nada.

Assim pode acontecer hoje conosco. Podemos ter a experiência de experimentar, de ver, de estar com Deus, de aprender. Mas o que o Pai realmente quer, além de nos ensinar, nos instruir, nos edificar, é que o conheçamos, bem como conheçamos os seus caminhos, a sua revelação, ou seja, a sua Palavra. Ele também deseja nos santificar, nos purificar, nos limpar e nos separar das coisas que não prestam neste mundo. Ele já nos libertou, já nos escolheu, mas agora ele nos orienta. Nós também estamos rumando para a Terra Prometida, também não pertencemos a este deserto, não somos daqui. Somos peregrinos. Que, enquanto aqui estivermos, sejamos obedientes à voz de Deus, atentos aos seus conselhos e praticantes da sua Palavra não por medo, não por receio do inferno, não por medo do pastor, não por medo de ser excluídos, mas por medo de não amarmos a Deus. Precisamos obedecer por amor e amá-lo com todo o nosso coração.

A conclusão do Pentateuco é esta: quando Moisés "fecha" a obra de sua vida — podemos dizer assim, pois, embora o autor primário seja Deus, Deus usou Moisés e, nessa obra, vemos traços de sua humanidade sob a inspiração divina —, ele usa um tom que está debaixo da inspiração do Espírito. Ele clama para que, depois de tudo o que Deus fez por nós e em nós, depois de tudo o que Deus ensinou, não permitamos que o amor por Deus se apague, que a chama se apague, que o vislumbre e a gratidão pela libertação que um dia aconteceu se apaguem; antes, que a nossa vida seja a vida daqueles que brilham entre as nações, entre os da terra de Canaã, entre os da terra de Moabe e de Edom, entre aqueles que vivem entre os caldeus e os assírios ao norte. Que sejamos luz entre as nações. Mas isso não será resultado de "obedecer direitinho". Será resultado de o nosso amor por Deus ser visto por todos, sendo muito maior do que o amor daqueles que amam seus deuses de pau, pedra, gesso etc.

Encerro este livro aplicando isso à nossa vida hoje, dizendo: Assim como Deus espera que nós o amemos e que a nossa vida neste mundo seja um sinal dele, como um farol que brilha e guia as embarcações, mostrando às pessoas o que Deus espera de cada uma delas, que essas pessoas também aprendam a amá-lo e o amem mais do que a qualquer coisa.

Amém!

Que Deus guarde e abençoe a sua vida.

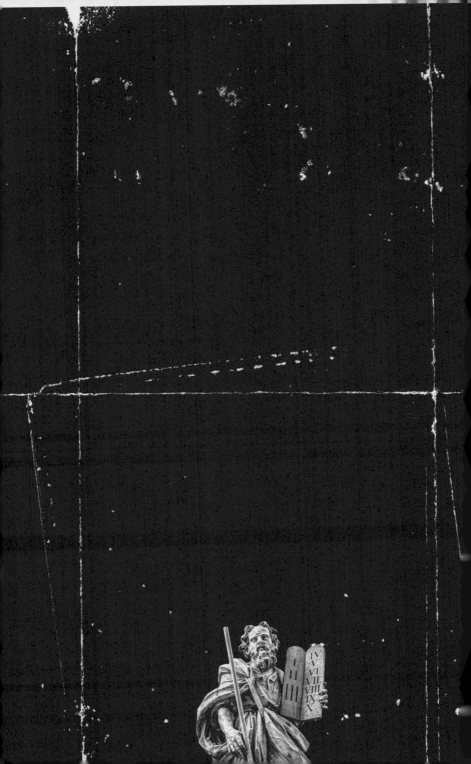

REFERÊNCIAS

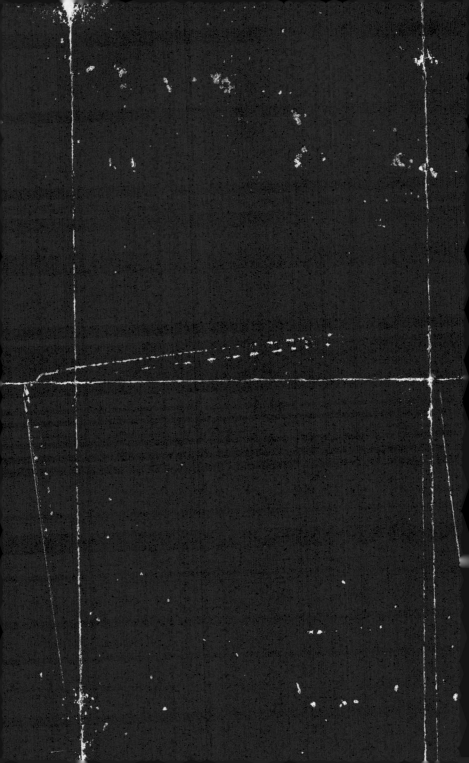

ALMEIDA, João Ferreira de. *Nova Almeida Atualizada*. Edição Revista e Atualizada, 3ª edição. Barueri, SP: Sociedade Bíblica do Brasil, 2017.

BARBOZA, Airton W. V. *O mito e a história na criação*. São Paulo: Fonte Editorial, 2010.

BARRY, John D., David Bomar, Derek R. Brown, Rachel Klippenstein, Douglas Mangum, Carrie Sinclair Wolcott, Lazarus Wentz, Elliot Ritzema, and Wendy Widder. *The Lexham Bible Dictionary*. Bellingham, WA: Lexham Press, 2016.

Biblia Hebraica Stuttgartensia. Electronic ed. Stuttgart: German Bible Society, 2003.

BROWN, Raymond. *Entendendo o Antigo Testamento*. São Paulo: Shedd Publicações, 2008.

CONSTABLE, Thomas L. *Tom Constable's Expository Notes on the Bible*. None: Galaxy Software: 2003.

CROSS, F. L.; LIVINGSTONE, Elizabeth A. eds. *The Oxford Dictionary of the Christian Church*, 3ª ed. rev. Oxford; New York: Oxford University Press, 2005.

DILLARD, Raymond B., LONGMAN III, Tremper. *Introdução ao Antigo Testamento*. São Paulo: Vida Nova, 2005.

EISSFELDT, Otto. *The Old Testament: an introduction*. Oxford Basil Blackwell, 1966.

ELLIS, Peter F. *Os homens e a mensagem do Antigo Testamento*. 10ª ed., Aparecida: Editora Santuário, 1996.

REFERÊNCIAS

FREEDMAN, David Noel; HERION, Gary A.; GRAF, David F.; PLEINS, John David; BECK, Astrid B. *The Anchor Yale Bible Dictionary*. New York: Doubleday, 1992.

GUNKEL, Hermann. *The Legends of Genesis: the biblical saga & history*. Schocken Books, Inc., 1964.

HENRY, Carl. *Dicionário de Ética Cristã*, 1ª edição. São Paulo: Editora Cultura Cristã, 2007.

JOSEFO, Flávio. *Antiguidades judaicas*. Curitiba: Juruá Editora, 2001.

KASHER, Menachem M. *Encyclopedia of Biblical Interpretation*. Philadelphia: American Biblical Encyclopedia Society Inc., 1955.

KITTEL, Gerhard; FRIEDRICH, Gerhard; BROMILEY, Geoffrey W. *Dicionário Teológico Do Novo Testamento*. Vol. I & II. São Paulo: Editora Cultura Cristã, 2013.

LASOR, Raymond, HUBBARD, David A., BUSH, Frederic W. *Introdução ao Antigo Testamento*. São Paulo: Vida Nova, 1999.

MACARTHUR, John F. *Genesis 1-11. Creation, Sin, and the Nature of God*. Nashville: Thomas Nelson, 2008.

MYERS, Allen C. *The Eerdmans Bible Dictionary*. Grand Rapids, MI: Eerdmans, 1987.

PINTO, Carlos Osvaldo Cardoso. *Foco & desenvolvimento no Antigo Testamento*. São Paulo: Hagnos, 2006.

ROGERSON, J.W. *Myth in Old Testament Interpretation*. New York: Walter de Gruyter, 1974.

SAILHAMER, John H. *Genesis Unbound: A Provocative New Look at the Creation Account*. San Francisco: Dawson Media, 2011.

VAUX, Roland. *Instituições de Israel no Antigo Testamento*. São Paulo: Vida Nova, 2010.

YOUNG, Edward J. *Introdução ao Antigo Testamento*. São Paulo: Vida Nova, 1964.

YOUNG, Edward J. *An Introduction to the Old Testament*. Grand Rapids, MI: William B. Eerdmans Publishing Company, 1977.

NOTAS

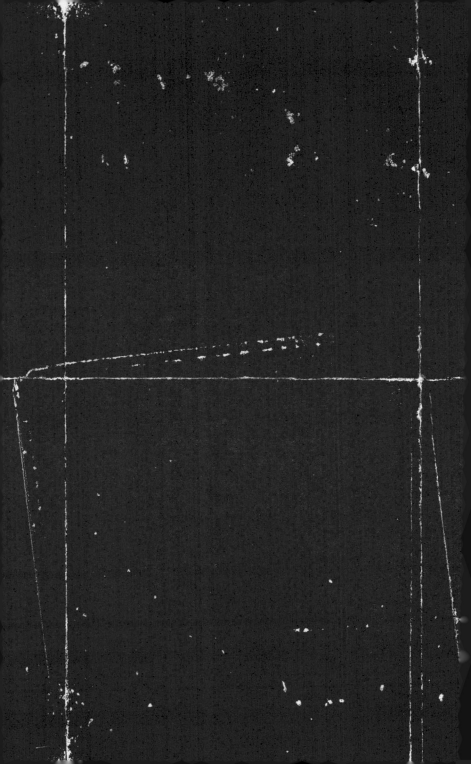

Capítulo 1

1 Confira o texto de Gênesis 6. Em todo o livro de Gênesis, a expressão בְּנֵי־הָאֱלֹהִים (benê-·hǒ·'ĕlō·hîm - "Filhos de Deus") está ligada aos descendentes de Sete, e não a supostos demônios, ou anjos caídos. Não podemos retirar uma expressão de Jó ou de Salmos e atribuir seu significado em outro contexto. Uma expressão textual fora de seu contexto pode vir carregada de pretexto para um significado pré-concebido. A geração pré-diluviana que contrapõe-se aos "filhos de Deus" é a geração de Caim, chamada de "filhos dos homens", ou, בְּנוֹת הָאָדָם (benōwṯ' hā·'ā·ḏām'), a qual está ligada à descendência de Caim dentro do contexto do livro de Gênesis.

2 Talmude, de acordo com *The Oxford Dictionary of the Christian Church*, são "compilações judaicas que encarnam a Mishnah, ou ensino oral dos judeus, e a Gemara, ou coleção de discussões sobre a Mishnah. As duas principais formas do Talmude, o babilônico e o palestino, são semelhantes em método e construção, mas de forma alguma idênticas em conteúdo".

3 Talmude Babilônico (Erubin 53a). *Enciclopédia de interpretação bíblica*, de Menahem M. Kasher, vol. II, 1955, p. 79.

4 Uma excelente coleção para se conhecer a obra dos Pais da Igreja é a *Coleção Patrística*, publicada pela Editora Paulus, com seus 54 volumes — incluindo a maioria dos escritos dos sucessores dos apóstolos.

NOTAS

⁵ Inclusa, inclusive, na coleção citada na nota anterior.

⁶ Isso era o que todos da época dos apóstolos entendiam sobre Ninrode, que ameaçou vingar-se de Deus se este quisesse novamente inundar a terra.

⁷ Flávio Josefo, *Antiguidades judaicas*, I, 114, 115 (iv, 2, 3).

⁸ MACARTHUR, John. *Charismatic Chaos*. Grand Rapids: Zondervan Publishing House, 1992, p. 197-198.

⁹ MACARTHUR, John. *Judgment of the Rebellion at Babel*, Part 1. Disponível em: <https://www.gty.org/library/sermons-library/90-267/judgment-of-the-rebellion-at-babel-part-1>. Acesso em: 27 de fevereiro de 2022.

¹⁰ CLIFFORD, Richard. *Creation Accounts in the Ancient Near East and in the Bible*. Boston: Catholic Biblical Association, 1994.

¹¹ DUNGEN, Wim van den. *The Theology of Memphis: Fugal Monotheism, Creative Speech & Pan-en-theism in Ancient Egyptian Thought*. Disponível em: <http://www.maat.sofiatopia.org/memphis.htm>. Acesso em: 28 de fevereiro de 2022. Nessa página, o leitor encontrará inúmeras outras informações sobre Ptah e as divindades relacionadas.

¹² SAILHAMER, John. *Genesis Unbound*. Book Villages. Kindle Edition. Location 2742.

¹³ YOUNG, Edward J. *Introdução ao Antigo Testamento*. São Paulo: Vida Nova, 1964, p. 55.

¹⁴ ELLIS, Peter. *Os homens e a mensagem do Antigo Testamento*. 10ª ed. Aparecida: Editora Santuário, 1996, p.80.

Capítulo 3

¹ PINTO, Carlos Osvaldo Cardoso. *Foco & desenvolvimento no Antigo Testamento*. São Paulo: Hagnos, 2014, p. 21–22.

[2] Edward J. Young, *An Introduction to the Old Testament*. Grand Rapids, MI: William B. Eerdmans Publishing Company, 1977, p. 45.

Capítulo 4

[1] Por "atividade redacional", compreenda a atividade do próprio Moisés em se valer de fontes anteriores a ele na composição do Pentateuco.

[2] PINTO, Carlos Osvaldo Cardoso. *Foco & desenvolvimento no Antigo Testamento*. São Paulo: Hagnos, 2014, p. 17–18.

[3] Há uma linha de pensamento que afirma que os hicsos eram um povo mais próximo, do Oriente Médio ou da Península Arábica. Penso que essa possibilidade é mais remota, visto que ali o nome de José muito provavelmente era conhecido nesse tempo de fome. Já em um povo mais distante, a probabilidade de José não ser conhecido é maior.

[4] PINTO, Carlos Osvaldo Cardoso. *Foco & desenvolvimento no Antigo Testamento*. São Paulo: Hagnos, 2014, p. 61.

Capítulo 6

[1] Almeida Corrigida Fiel.

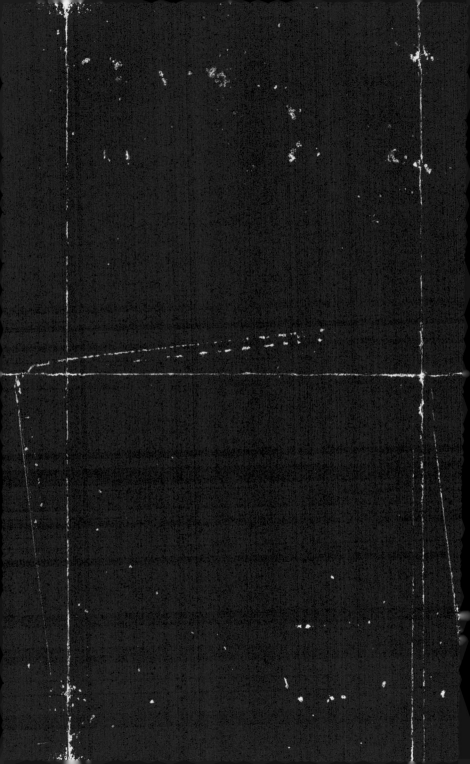

SOBRE O AUTOR

WILSON PORTE JR. é pastor da Igreja Batista Liberdade, em Araraquara (SP). Bacharel em Teologia pelo Seminário Bíblico Palavra da Vida, é mestre em Divindade (M.Div), com ênfase em Teologia Histórica, pelo CPAJ, da Universidade Mackenzie, e mestre em Teologia (Th.M) pelo Puritan Reformed Theological Seminary. É conferencista e professor de Antigo Testamento e de Novo Testamento, Hebraico e Teologia Bíblica de Missões no Seminário Martin Bucer.

Conheça outra obra do autor
WILSON PORTE JR.

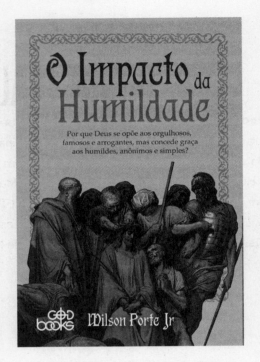

O IMPACTO DA HUMILDADE

Com o objetivo de chamar a atenção para quão desejável é a humildade e quão terrível é o pecado do orgulho, Wilson Porte Jr. apresenta, com base nos momentos decisivos da vida de Cristo, uma análise primorosa de como a arrogância é diabólica e como a humildade é divina e celestial e, por isso, precisa ser perseguida a todo custo. Uma leitura profundamente transformadora, com prefácio de Jonas Madureira.

Adquira, em e-book ou impresso, nas melhores livrarias ou em www.godbooks.com.br.
Siga-nos nas redes sociais: @editoragodbooks.

Conheça outras obras da GodBooks

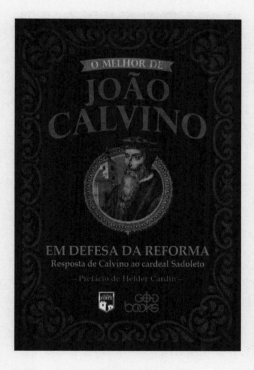

EM DEFESA DA REFORMA — RESPOSTA DE CALVINO AO CARDEAL SADOLETO

João Calvino

Genebra aceitou a fé reformada, tirando do poder as autoridades ligadas ao papa. Para retomar o controle, o cardeal Jacopo Sadoleto enviou uma carta ao Conselho de Genebra, fazendo acusações aos reformadores e clamando pelo retorno à Igreja Católica. Em resposta, Calvino redigiu uma carta na qual apresenta os pilares da fé reformada. Em *Em defesa da Reforma*, a GodBooks disponibiliza tanto a carta de Sadoleto quanto o famoso texto do reformador.

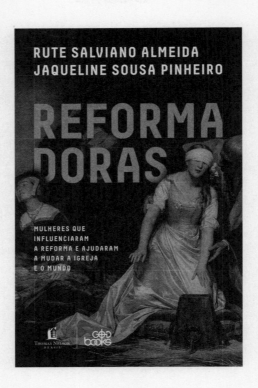

REFORMADORAS

Rute Salviano Almeida e Jaqueline Sousa Pinheiro

Reformadoras faz um brilhante trabalho de resgate da memória de filhas de Deus que devotaram a vida à causa do evangelho de Cristo e deram uma contribuição inestimável a um dos movimentos mais importantes da trajetória da Cristandade: a Reforma Protestante. Essas servas do Senhor entregaram por amor a Cristo o intelecto, o coração, o tempo, os esforços e até a própria vida, a fim de cumprir a grande comissão e levar o povo de Deus à maturidade espiritual.

AVIVAMENTO — OBRA EXTRAORDINÁRIA DE DEUS

Augustus Nicodemus

Neste livro definitivo sobre o assunto, Augustus Nicodemus usa de rigor na exposição da Palavra de Deus para desvendar o significado preciso e escriturístico de avivamento bíblico e combater todo ensinamento equivocado sobre o assunto. A obra, que conta com prefácio de Hernandes Dias Lopes, faz uma profunda análise sobre o sentido correto desse fenômeno tão desejado por todo cristão: o avivamento bíblico.

FELICIDADE VERDADEIRA

Heber Campos Jr.

As bem-aventuranças são um tratado sobre a verdadeira felicidade cristã. Para que você possa compreender com exatidão o que é a real alegria de um filho e uma filha de Deus, à luz do evangelho de Cristo, é necessário determinar o que define a vida de quem é verdadeiramente regenerado pelo Espírito Santo. E é isso que Heber Campos Jr. faz, com primazia, em *Felicidade verdadeira*.

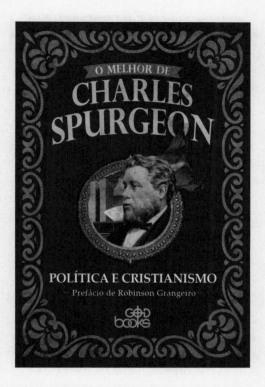

O MELHOR DE CHARLES SPURGEON — POLÍTICA E CRISTIANISMO

Charles Spurgeon

Este é um livro sem igual, fruto de um extenso trabalho de pesquisa da GodBooks. Esta segunda obra da coleção *O melhor de Charles Spurgeon* é um esclarecedor mosaico de trechos criteriosamente selecionados de artigos e sermões do autor sobre a relação entre cristianismo e política, Igreja e Estado. No todo, a soma das partes apresenta o rico entendimento bíblico do "último dos puritanos" acerca da tão controversa relação entre a política e o cristianismo — que segue mais atual e relevante do que nunca.

Adquira, em e-book ou impresso, nas melhores livrarias ou em www.godbooks.com.br.

Siga-nos nas redes sociais: @editoragodbooks.

Este livro foi impresso pela Cruzado, em 2023, para a Thomas Nelson Brasil. O papel do miolo é pólen natural 80g/m², e o da capa é cartão 250g/m².